esotera

Taschenbuch
im Verlag Hermann Bauer

W0012102

Luc Bourgault, Blauer Adler Ousti Catoui, 1954 in Kanada geboren, bereiste ganz Nordamerika, um von den Erfahrungen der dort lebenden indianischen Weisen, Heiler und Schamanen zu lernen. Neben seiner Tätigkeit als Heiler, Musiktherapeut, Dichter und Schriftsteller fungiert er als Zeremonienmeister in der indianischen Tradition. Seit 1987 veranstaltet er Workshops und hält Vorträge, in denen er sein gesammeltes Wissen weitergibt. Seit einem Jahr ist er Leiter des Instituts *Pédagogies Alternatives.*

Luc Bourgault
Blauer Adler

Ganzheitliche Edelsteintherapie

Wissen nach indianischer Tradition

Verlag Hermann Bauer
Freiburg im Breisgau

Die Deutsche Bibliothek – CIP-Einheitsaufnahme

Bourgault, Luc:
Ganzheitliche Edelsteintherapie : Wissen nach indianischer
Tradition / Luc Bourgault, Blauer Adler.
[Dt. Übers. von Karin Hirschmann].
3. Aufl. – Freiburg im Breisgau : Bauer, 1995
(esotera-Taschenbuch)
Einheitssacht.: Le cristal en thérapie
dans la tradition amérindienne ⟨dt.⟩
ISBN 3-7626-0670-6

Die amerikanische Originalausgabe erschien 1992 bei
Guy Saint-Jean Editeur, Quebec, Kanada, unter dem Titel
Le cristal en thérapie dans la tradition amérindienne
© 1992 by Guy Saint-Jean Editeur Inc.

Deutsche Übersetzung von Karin Hirschmann

Die Reihe *esotera-Taschenbuch* erscheint im
Verlag Hermann Bauer KG, Freiburg im Breisgau

3. Auflage 1995
© für die deutsche Ausgabe 1994 by
Verlag Hermann Bauer KG, Freiburg im Breisgau
Alle Rechte der deutschen Ausgabe vorbehalten
Umschlag: Seliger & Krafft, Freiburg im Breisgau
Umschlagfoto: Atelier Trefzer
Satz: CSF ComputerSatz GmbH, Freiburg im Breisgau
Druck und Bindung: Clausen & Bosse, Leck
Printed in Germany

ISBN 3-7626-0670-6

Gedruckt auf chlorfrei gebleichtem Papier

Dieses Buch ist meinen Schülern gewidmet

Dank

Mein aufrichtiger Dank gilt Oh Shinnah und Dhyani Ywahoo, die mir geholfen haben, meine Gefährten aus dem Mineralreich zu verstehen.

Danken möchte ich auch Guy Saint-Jean, der so freundlich war, die erforderlichen Geldmittel für die Herstellung der amerikanischen Ausgabe bereitzustellen, aber auch Micheline Fraser für die Übertragung und Korrektur des Manuskriptes.

Ein besonderer Dank gilt all jenen, die mit mir zusammengearbeitet haben, damit *Pédagogies Alternatives* dieses Wissen weitervermitteln kann.

L.B.

Inhalt

Anhang I

Die Steine in alphabetischer Reihenfolge

Anhang II

Räucherungen 152

Anhang III

Die Härte der Steine 156

Anhang IV

Die Symbolik der Planeten 157

Anhang V

Monatssteine und synthetische Steine 163

Anhang VI

Die heilenden Elixiere von Oh Shinnah 165

Bibliographie 169

Vorwort

Der nachfolgende Text ist eine von Luc Bourgault über-
arbeitete Fassung seiner Workshops über die indianische
Heilkunst mit Kristallen und Edelsteinen (Stufe I und II).
Noch bis vor kurzem wurde das hier vermittelte Wissen
gemäß der traditionellen Lehr- und Lernmethode der
Tscherokesen und Apachen nur mündlich überliefert.

In der indianischen Tradition wird besonderer Wert
auf die Synchronisierung der beiden Gehirnhälften gelegt
(was auch als *das Finden der eigenen Mitte* bezeichnet
wird), um ein allumfassendes Verständnis des vermittel-
ten Stoffes zu fördern. Zwei pädagogische Maßnahmen
sind besonders geeignet, diese Synchronisation herbeizu-
führen: zum einen der rituelle oder zeremonielle Rahmen
und zum anderen das ständige Wiederholen des Lern-
stoffes. Deshalb leitet Luc Bourgault jeden Tag seiner
Workshops mit einer von Beten und Schweigen bestimmten Eröffnungszeremonie ein, in der zunächst die Geister
angerufen und der Ort gereinigt werden. Anschließend
singen alle zusammen ein Willkommenslied. Nach einem
so herzlichen Empfang fällt es den Workshop-Teil-
nehmern leichter, sich zu zentrieren, das heißt, ihre
eigene Mitte zu finden. Die Zeremonien wie auch die
Meditationen können hier in diesem Buch natürlich nicht
vermittelt werden. Der Verfasser rät auch allen seinen
Schülern, jeden Workshop mehr als einmal zu besuchen,
denn es liegt in der Natur der Sache, daß sich die mündlichen Unterweisungen von Mal zu Mal unterscheiden.
Dieselben Informationen in einem anderen Kontext
fügen sich dann zu einem Gesamtbild zusammen und
fördern ein globales Verständnis.

So gesehen wird man sich natürlich fragen, warum ein solches Buch überhaupt geschrieben wurde. Aus traditioneller Sicht ist es überflüssig, ja, es ist sogar davon abzuraten. Wenn sich der Verfasser heute dazu entschlossen hat, sein Wissen preiszugeben, und seine Lehrmeister ihm die Erlaubnis dazu erteilt haben, dann deshalb, weil wir gegenwärtig eine Art von *New Age* erleben, vor allem in bezug auf die *Kraft der Edelsteine und Kristalle*. Leider kursieren jede Menge falscher und widersprüchlicher Informationen zu dieser Thematik. Die in einigen Büchern angepriesenen Techniken sind teilweise sogar gesundheitsgefährdend für diejenigen, die damit herumexperimentieren. Abzuraten ist vor allem von den folgenden zwei Praktiken, die die Gesundheit in erheblichem Maße beeinträchtigen können:

Kristalle geometrisch auf dem Boden anordnen und sich anschließend zum Meditieren in die Mitte setzen; Kristalle jemandem direkt auf die Energiezentren (Chakras) legen; besonders gefährlich ist es, wenn diese Methode gleichzeitig auf mehreren Chakras und mit mehreren Steinen oder Kristallen praktiziert wird.

Die in einigen Büchern beschriebenen Techniken schaden meiner Erfahrung nach manchmal auch den Steinen. Legt man zum Beispiel einen Kristall über mehrere Stunden in Meersalz ein, so kann es passieren, daß sein Ätherkörper löchrig wird.

Es ist nicht allen Menschen vergönnt, mit Kristallen zu arbeiten. Wichtig ist in jedem Fall eine spirituelle Reinigung und Klärung, ohne die der Kristall mehr schadet als nützt. Der Mißbrauch von Kristallen im großen Stil trägt auch dazu bei, das ohnehin schon gefährdete Gleichgewicht unserer Erde zu destabilisieren. All das hat den Verfasser dazu bewogen, das nötige Grundwissen über die Arbeit mit unseren Brüdern und Schwestern aus dem Mineralreich allen zugänglich zu machen.

Trotzdem kann dieses Buch keinen Therapeuten ersetzen, der in diesem speziellen Bereich arbeitet. Dazu bedarf es der mündlichen Überlieferung des Wissens und der praktischen Anwendung unter Anleitung. Durch eine genaue Darlegung der grundlegenden Punkte kann dieses Buch dennoch eine wertvolle Hilfe sein für alle, die bereits mit Kristallen und Edelsteinen arbeiten. Für alle Interessierten, die sich eingehender mit dieser Thematik beschäftigen wollen, bringt es etwas Licht in das Dunkel dieser tausendjährigen Wissenschaft, die gerade in der heutigen Zeit von unschätzbarer Hilfe sein kann. Nicht zuletzt eignet sich das Buch vorzüglich als Unterrichtsmaterial für die Studenten der *Pédagogies Alternatives*, einer Institution, die diese von Luc Bourgault entwickelte Ausbildung anbietet. Näheres dazu ist unter folgenden Adressen zu erfahren:

Claudia Eder-List
Bitzerberg 18
53 819 Neunkirchen
Fax: 02247 – 89445
Tel.: 02247 – 12001

In Quebec:
Pédagogies Alternatives
C.P. 85, Loretteville
Quebec, Kanada G2B 3W6

In den USA:
Four Directions
c/o Oh Shinnah
8840, SW 118th St., Miami, Florida, USA 33176
Tel.: 001 – 305 – 2386705

Sunray Meditation Society
c/o Dhyani Ywahoo
P.O. Box 308, Bristol, Vermont, USA 05443
Tel.: 001 – 802 – 4534610

Die aufgeführten Steine (einschließlich des Herkimer-Diamanten, der nur in Herkimer bei New York gefördert wird) können Sie bestellen beim

Prana-Haus
Kronenstraße 2
Postfach 167
79001 Freiburg im Breisgau

Vorwort des Verfassers

Ich heiße Luc Bourgault Blauer Adler Ousti Catoui und leite Workshops in Kanada und Europa. Mein Unterricht umfaßt die therapeutische Anwendung von Kristallen und Edelsteinen nach indianischer Tradition, die überlieferte und neuzeitliche Musiktherapie sowie die Spiritualität der nordamerikanischen Indianer. Ich bin Pädagoge, Referent, Therapeut, Ökologe, Schriftsteller, Musiker und Dichter.

Meine erste Begegnung mit den Kristallen hatte ich als Kind. Ich war gerade mal fünf Jahre alt, als mein Interesse für die edlen Steine geweckt wurde. Auf dem Nachhauseweg von der Schule fand ich eines Tages in einer Gasse ganz in unserer Nähe einen Stein. Es war ein Bergkristall, so groß wie die Faust meines Vaters. Ich fand ihn sehr schön, diesen glasklaren Stein, durch den ich hindurchschauen konnte. So etwas hatte ich noch nie gesehen. Ich nahm ihn mit in mein Zimmer und legte ihn so auf einen kleinen Hocker, daß das Sonnenlicht, das zum Fenster hereinschien, direkt auf den Kristall fiel. Dann setzte ich mich davor und meditierte. Nach etwa fünf Minuten verschwand das Zimmer, in dem ich mich befand. Nur der Kristall und ich waren noch da, und wir schwebten in einem undefinierbaren Raum. Ich fühlte mich wohl. Kurz danach blieb die Zeit für mich stehen. Ich befand mich in einem Zustand der absoluten Glückseligkeit, aber ich glaube nicht, daß dieser Zustand lange andauerte. Dann beschloß ich, wieder in mein Zimmer zurückzukehren, weil ich draußen spielen wollte. In diesem Alter sind wir der *Quelle* noch nahe, und solche Phänomene sind ganz normal. Ich sah darin jedenfalls nichts Besonderes. Ich spielte also eine ganze Weile draußen, bis ich auf einmal das Gefühl hatte, als würde mich jemand an den Haaren hochziehen. Da rannte ich los, geradewegs in mein Zimmer und mußte feststellen, daß mein Kristall nicht mehr dort war. Die Sonne schien zwar noch immer auf dieselbe Stelle, der Hocker stand noch immer am gleichen Platz, aber der Stein war verschwunden. Ich fragte meine Mutter, ob sie ihn vielleicht genommen oder ob ein anderer mein Zimmer betreten hatte; sie verneinte. Das machte mich sehr stutzig. Seit dieser Zeit hebe ich jeden Stein auf, den ich finde und der meinem Bergkristall ähnlich sieht.

Ich erinnere mich noch gut daran, daß ich mit neun Jahren dem Club der Edelsteinschleifer an der Universität von Saskatoon in Saskatchewan beitrat. Dort gab es zwar wunderschöne Steine, aber nicht die Sprache, nach der ich suchte. Mit den Steinen wurde rein wissenschaftlich umgegangen, aber das, was ich für sie empfand, wurde nie angesprochen.

Ich habe auch Erfahrungen als Steinverkäufer gesammelt. Als Kind zog ich von Tür zu Tür, um kleine milchigweiße Quarzkristalle zu verkaufen, das Stück zu einem Cent. Wenn man mir nichts abkaufen wollte, fixierte ich den Kaufunwilligen mit meiner ganzen Willenskraft und sagte: »Du brauchst diesen Stein.« Das funktionierte sofort, und der Stein wechselte seinen Besitzer.

Einige Jahre später zogen wir nach Quebec. Die Schachteln mit den Steinen, die ich als Kind gesammelt hatte, mußte ich leider zurücklassen, und so vergaß ich eine ganze Weile die Welt der Mineralien.

Nach meinem Hochschulstudium und meinen Reisen durch Kanada und die Vereinigten Staaten wurde mir klar, daß ich bei den nordamerikanischen Indianern, bei denen ich eine Zeitlang gelebt hatte, in die Lehre gehen mußte. Bei meiner Rückkehr nach Montreal im Jahre 1980 erzählte mir mein Yogalehrer von einer Tscherokesin namens Dhyani Ywahoo, die als Heilerin und Prieste-

rin in den USA lebte und sich gerade in Montreal auf-
hielt, um einen Vortrag zu halten. Ich ging also hin und
fand dort die spirituelle Nahrung, nach der ich so lange
gesucht hatte. Ich hatte wahrlich genug Indianer auf meinen Reisen getroffen, und obwohl ich viel von den Urein-
wohnern gelernt hatte, waren es nicht immer *Weise*, denen ich in Reservaten und Städten begegnete. Dort wurde
ich eher mit gesellschaftlichen Problemen konfrontiert,
unter anderem mit Alkoholismus. Es war ein Umfeld, in
dem es freundschaftlich und brisant zugleich zuging.
Diese Tscherokesin jedoch war die erste Frau, die in
meinen Augen wirklich weise war. Ich hing geradezu an
ihren Lippen und war wie elektrisiert. Während des Vortrags nahm sie einen Kristall, der bis dahin an ihrem
Kleid befestigt war, und begann ihn mit ihren Händen
energetisch aufzuladen. Am Ende des Vortrags übergab
sie ihn ihrer Assistentin und ging. Die Assistentin steuerte
geradewegs auf mich zu und sagte: »Dieser Kristall gehört dir.« In dem Moment, als sie ihn mir übergab,
wurde ich derart stark mit Energie aufgeladen, daß es mir
die Sprache verschlug. Die Assistentin fragte mich daraufhin: »Und, ist es dein Kristall?« Unfähig, ein Wort
herauszubringen, steckte ich den Stein in den Mund. Da
sah sie, daß er zu mir gehörte. Am folgenden Abend hatte
ich eine Vision, die mir im nachhinein den Namen gab,
den ich heute trage: Blauer Adler. Später ging ich jahre-
lang bei Dhyani Ywahoo in die Lehre, auch heute lerne
ich noch von ihr. Die Lehren über den Kristall gibt Dhyani nur an Menschen weiter, die auf diesem Weg schon
weit fortgeschritten sind. Sie glaubt, daß der Kristall
explosiver ist als die Atombombe. In der Tradition ihres
Volkes durften nur eigens dazu bestimmte Personen mit
den Kristallen arbeiten. Diese Auserwählten mußten jah-
relang meditieren, bevor sie überhaupt einen Stein berühren durften. Kristalle besitzen unermeßliche Kräfte, denn
sie verstärken Energie. Bei Menschen, die falsch sind und
sowohl negative Gedanken als auch negative Gefühle

hegen, verstärken sie diese Energien, die dann mehr Unheil anrichten, als daß sie helfen.

Im Jahre 1988 sah ich zufällig das Foto von Oh Shinnah Fastwolf in einer Zeitschrift. Darin wurde ein einwöchiger Workshop über Heilen mit Edelsteinen in Colorado angeboten. Beim Anblick ihres Fotos wußte ich, daß ich unbedingt an diesem Seminar teilnehmen mußte. Zu diesem Zeitpunkt veranstaltete ich bereits selbst Workshops über Kristalle und setzte dank der Hellsichtigkeit, die ich mittlerweile entwickelt hatte, die heilenden Steine mitunter schon zur Behandlung meiner Klienten ein. Ich benutzte außerdem ein *New-Age*-Buch, das ich zum damaligen Zeitpunkt für gut befand, doch im großen und ganzen verließ ich mich bei der Arbeit mit Kristallen auf meine Intuition und auf die Meditation. Nach der Seminarwoche mit Oh Shinnah mußte ich jedoch einiges von dem, was ich mir bis dahin erarbeitet hatte, über Bord werfen. Außerdem entwickelte ich mit der Zeit ein gesundes Mißtrauen gegenüber den sogenannten *New-Age*-Techniken, das ich mir bis heute bewahrt habe. Ich faßte Vertrauen zu Oh Shinnahs Lehren, denn diese hatten sich bewährt. Oh Shinnah ist Apachin und kann auf ein mächtiges Stammeserbe aus jahrhundertelanger Tradition zurückblicken. Ihre Großmutter war eine Mohawk-Indianerin, die der Theosophie verbunden war und somit der europäischen wie der indianischen Esoterik nahestand. Als Apachin wurde Oh Shinnah in das allumfassende Wissen über die Kristalle eingeweiht, das diesem Indianerstamm eigen ist.

Es gibt zwei nordamerikanische Indianerstämme, die wirklich das besitzen, was gemeinhin als die *Tradition der priesterlichen Kunst* bezeichnet wird, und das sind die Tscherokesen und die Apachen, die Auserwählte zu Heilern und Priestern ausbilden. In anderen Indianerstämmen überwiegt meist der Schamanismus, wobei das Individuum seine schamanischen Fähigkeiten durch einen anderen Stammesangehörigen, durch Krankheit oder andere Lebensumstände erlangt. Die Tscherokesen und die Apachen zählen zu den wenigen nordamerikanischen Indianerstämmen, in denen Auserwählte eine besondere Ausbildung in Gebet, Meditation, Heilung und Zeremonien erhalten. Sie sind auch die einzigen Stämme, die es auf dem Gebiet des Kristallheilens sehr weit gebracht haben. Das setzt natürlich voraus, daß die Ausbildung mit besonderer Sorgfalt erfolgen muß, bis es dem Schüler erlaubt ist, den Kristall zu verwenden.

Oh Shinnah besitzt ein Diplom in experimenteller Psychologie. Sie hat in den USA an verschiedenen Instituten gearbeitet und ist dadurch mit vielen Wissenschaftlern in Kontakt gekommen, die ihre Arbeit und ihr Wissen im Labor untersucht haben. Gemeinsam mit ihnen konnte sie anhand von wissenschaftlichen Experimenten die heilende Wirkung von Kristallen und Edelsteinen überprüfen und so den wissenschaftlichen Wert der von ihr benutzten Techniken ihrer Vorfahren unter Beweis stellen. Damit verschaffte sie sich eine gewisse Glaubwürdigkeit bei einigen Chirurgen, Ärzten, Psychiatern, Psychologen und Krankenschwestern, die mit ihr zusammenarbeiteten. In den Vereinigten Staaten gibt es inzwischen Tausende, die auf dem Gesundheitssektor nach den von Oh Shinnah Fastwolf entwickelten Techniken arbeiten. Von einem amerikanischen Chirurgen heißt es gar, daß er ohne einen Kristall im OP keinen Patienten auf den Operationstisch läßt. Er hat nämlich festgestellt, daß sich die Genesungszeit eines Patienten um ein Drittel verkürzt, wenn er den Kristall in der Chirurgie einsetzt. Er kann sich zwar nicht erklären, warum das so ist, aber die Fakten sprechen nun einmal für sich, und er macht sie sich zunutze. Auch das Pflegepersonal in einigen experimentierfreudigen amerikanischen Krankenhäusern hat bereits die heilenden Kräfte der Kristalle erkannt. Eine Schale mit Salzwasser, in der die Kristalle liegen, wird stets bereitgehalten, und Krankenschwestern und Pfleger machen von den heilenden Steinen regen Gebrauch. Ein bekannter New Yorker Psychiater bedient sich ebenfalls dieser Techniken unter Verwendung von eiförmigen Kristallen und Steinen. Er legt ein solches *Ei* auf den Stuhl des Patienten. Bevor dieser sich setzt, nimmt er den Stein natürlich weg und hält ihn dann oft während der ganzen Sitzung in der Hand. Dieser Psychiater beklagte sich erst kürzlich, daß seine Patienten viel zu schnell gesund werden und er nichts mehr an ihnen verdient.

Wir haben die Wirkung dieser Techniken geprüft und raten Ihnen dasselbe. Glauben Sie nicht blind, was man Ihnen sagt. Überzeugen Sie sich selbst von den Ergebnissen, die Sie bei der Arbeit mit Kristallen und Edelsteinen erzielen. Erst dann gewinnen Sie das nötige Vertrauen und werden sehr viel mehr erreichen, weil Sie es aus Überzeugung tun. Das ist wichtig in einer therapeutischen Beziehung. Der Klient, der Ihre Hilfe erbittet, kann sich auf Ihre Fähigkeiten verlassen, denn Wissen und praktische Anwendung halten sich die Waage. Oh Shinnah hat mir auch einige Verfahren gezeigt, auf die ich hier nicht weiter eingehen möchte, weil ich sie noch nicht ausreichend erprobt habe. Entscheidend ist das, was man selbst erfährt, erlebt und wahrnimmt. Welche Haltung wir im Laufe unseres Lebens auch einnehmen, die zwei Gehirnhälften sollten immer so funktionieren, daß sie eine Einheit aus Wissen und Erfahrung bilden.

Abschließend möchte ich darauf hinweisen, daß die hier gegebenen Anleitungen zum therapeutischen Einsatz der Kristalle und Edelsteine größtenteils von Oh Shinnah vom Stamme der Apachen stammen.

Einleitung

Bei der Arbeit mit Kristallen und Edelsteinen sind zwei grundsätzliche Dinge von besonderer Bedeutung: die Meditation und der Respekt.

Die Meditation
Um es gleich vorwegzunehmen: Der erste Kristall, mit dem Sie arbeiten, den Sie klären, reinigen und polieren, sind Sie selbst. Es ist ein Irrtum zu glauben, daß ein effektives Arbeiten mit Kristallen möglich ist, ohne zuvor an sich selbst gearbeitet zu haben. Überhaupt ist die wichtigste Arbeit immer die, die man an sich selbst verrichtet. Selbst wenn Sie überaus erfolgreich sind, viel Macht und materielle Güter besitzen, müssen Sie doch alles zurücklassen, wenn Sie sterben. Und wenn Sie nicht an sich gearbeitet haben, können Sie wieder ganz von vorne anfangen. Sie haben trotz Ihrer vielen Reichtümer nichts erreicht. Wer dagegen an sich arbeitet, häuft Schätze an für die Ewigkeit, die nicht mit dem Tode vergehen.

»... Die Menschen sterben, werden aber in der realen Welt des Großen Geistes wiedergeboren, dort, wo es Geister aller Art gibt. Und dieses wahre Leben können wir hier auf Erden kennenlernen, wenn wir Körper und Seele reinigen und derart geläutert vor den Großen Geist treten, der da absolute Reinheit ist.«[1]

---

1 Hehaka Sapa: *Les rites secrets des indiens sioux*, PRP, Paris 1975, S. 65.

Wer an sich arbeitet, hat das Gefühl, etwas geleistet zu haben. Und dieses Etwas folgt uns in unser zukünftiges Leben. Übrigens sollte das erste, was einem in der Schule beigebracht wird, die Meditation sein. Mit ihr beginnt die persönliche Arbeit. Beim Meditieren lernen wir, den Kristall, das heißt, uns selbst, zu beherrschen. Wir sind nämlich tatsächlich Kristalle, denn das Blut und die anderen Körperflüssigkeiten setzen sich größtenteils aus flüssigen Kristallen zusammen. Das Wasser innerhalb eines lebendigen Körpers besteht hauptsächlich aus Flüssigkristallen.[2] Bei Menschen mit extrem erweitertem Bewußtsein bilden sich direkt unterhalb des Stirnbeins Kristalle, die dann sichtbar werden. Es ist also dringend erforderlich, zunächst an sich selbst zu arbeiten.

Eines ist gewiß: Wer an sich arbeitet, bewirkt eine Veränderung. Wie diese Veränderung aussieht, läßt sich allerdings nicht im voraus sagen. Wer einen spirituellen Weg beschreitet und offen ist für neue Erfahrungen, wird oft auf die Probe gestellt werden. Er wird vielleicht ausgerechnet in dem Augenblick, in dem er meditieren möchte, durch ganz alltägliche Dinge gestört, wie zum Beispiel durch das Telefon, das dauernd klingelt, oder durch lärmende Kinder. So prüft der Geist, ob wir es wirklich ernst meinen mit unserer spirituellen Suche. Was wir dabei lernen, sind Ausdauer und Beständigkeit.

Wir sollten nicht vergessen, daß Kristalle Energie verstärken und umwandeln können. Bereits der leiseste Gedanke oder die geringste Geste wird unverzüglich durch den Kristall verstärkt. Wie wichtig ist es da, etwas zu besitzen, das den Vermittler – in diesem Fall uns – reinigt und unter Kontrolle bringt. Wir müssen also unser Ego bezwingen, damit wir den anderen bestmöglich helfen können. Andernfalls dürften wir erst gar nicht mit Kri-

---

2 Patrick und Gael Flanagan: *Elixir of the Ageless*, Vortex Press, Flagstaff, Arizona 1986, S. 37.

stallen und Edelsteinen arbeiten. Das ist auch der größte Vorwurf, den ich den derzeit auf dem Markt befindlichen Büchern mache: Sie weisen einfach nicht darauf hin, wie wichtig es ist, an sich selbst zu arbeiten, noch bevor man einen Kristall oder Edelstein überhaupt in die Hand nimmt. Wir müssen uns bewußtmachen, daß der Kristall lediglich ein Werkzeug ist. Nicht er verrichtet die Arbeit, sondern die Person, die ihn benutzt und die ihren ganzen Willen zur Heilung in diesen Stein hineinlegt. Was wir also zunächst einmal brauchen, ist eine gewisse Richtung auf unserem spirituellen Weg, sozusagen als Orientierung für unser Denken, Fühlen, Sprechen oder auch Handeln. Das aber heißt, wenn wir als Kristall uns nicht reinigen, müssen wir uns auch nicht wundern, wenn der Erfolg beim Heilen mit Kristallen und Edelsteinen ausbleibt.

Meditation, Beten und Körperübungen sind als Methoden zur Reinigung und Kontrolle der eigenen Gedanken, Gefühle, Worte und Gesten besonders geeignet. Meditation ist die Grundlage dessen, was wir als geistige Disziplin oder spirituellen Pfad bezeichnen. Ich persönlich bevorzuge die indianischen Meditationstechniken aus dem nordamerikanischen Raum, weil ich mich denen am meisten verbunden fühle. Letztendlich ist es aber egal, welchen Weg man geht, um ans Ziel zu gelangen. Die für uns relevanten Meditationsformen und Gebete übernehmen wir in der Regel von unseren Eltern. Wenn man es schafft, sich mit einer Gruppe von Menschen in Einklang zu bringen, spielt die Art und Weise, wie gebetet wird, keine große Rolle, denn Energie manifestiert sich immer, sei es während der heiligen Messe oder bei einer indianischen, buddhistischen oder hinduistischen Zeremonie. Es sind stets dieselben Wahrheiten, die sich offenbaren, und beim Beten in der Gruppe manifestiert sich dieses Energiepotential und klärt unsere Absichten. Das Gebet wirkt nicht nur auf die zum Gebet versammelten Personen, sondern auch auf deren Umfeld, auf das, was sie umgibt. Ich beschäftige mich zur Zeit intensiv mit dem tibetanischen Buddhismus und begegne hier denselben Prinzipien, wie ich sie aus der indianischen Tradition kenne. Manche Meditationsübungen sind fast identisch. Letzten Endes zählt nur, daß wir den auf unser Leben *zugeschnittenen* spirituellen Weg finden und auch gehen. Wir brauchen einen Platz, an den wir uns mindestens einmal am Tag zurückziehen und unsere Gedanken beobachten können. Wenn wir diese Gedanken nicht bewerten, werden wir unsere Denkmuster, Reaktionen, Gefühle und Ängste erkennen. Nur wenn wir imstande sind, all das zu unterscheiden, können wir auch darauf Einfluß nehmen. Diese Einflußnahme besteht nicht zwangsläufig darin, eine Entscheidung zu treffen, sondern vielmehr darin, klar und deutlich zu *sehen*. Sobald wir diese *Klarsicht* erlangt haben, machen wir denselben Fehler nicht noch einmal. Zur Veränderung bedarf es nicht unbedingt des Willens. Manchmal genügt es bereits klar zu sehen. Wenn man beispielsweise merkt, daß man schlecht über einen anderen Menschen denkt, dann greift man einfach zum Gegenmittel und denkt gut von dem Betreffenden. Wenn man jedoch so zerstreut ist, daß das Gedachte unbemerkt bleibt, dann entfernt sich der schlechte Gedanke und nimmt seinen Lauf. Wir müssen uns das so vorstellen: Wir sind wie ein großer See, in dem alle unsere Gedanken die Wellen sind, die auf viele Menschen treffen, ans Ufer klatschen und dann wieder zu uns zurückrollen. Wenn wir also schlecht über einen anderen denken, trifft dieser Gedanke die betreffende Person, kehrt aber später wieder zu uns zurück. Darum hüte sich ein jeder vor seinen Gedanken. Die zu diesem Thema folgenden Redewendungen wie »Rede nie schlecht über die Menschen«, »Sprich nie ihre schlechten Seiten an, denn sonst werden ihre negativen Anteile nur noch verstärkt«, werden in den indianischen Sprachen sehr oft verwendet. Und nicht genug damit, daß wir daran gedacht haben, wir haben sie auch noch ausgesprochen, und das bedeutet eine doppelte Verstärkung der schlechten Seiten. Ich möchte dazu folgendes Beispiel geben: Bei der Ankunft des weißen Mannes in Amerika gaben ihm die Tscherokesen den Namen *Der scheinbar Böse*, nicht einfach nur *der Böse*. Damit hielten sie ihm die Möglichkeit zur Veränderung offen, ließen ihm den nötigen Spielraum, sich zu ändern, falls er mit seinem unrühmlichen Verhalten aufhören und ein anderer werden wollte. Die Tscherokesen machten das Verhalten des weißen Mannes nicht an negativen Gedanken und Worten fest. Sie nahmen sein Verhalten wahr, aber bewerteten es nicht.

Wir sollten auch wissen, daß unser Körper von zahlreichen Kanälen durchzogen ist. Die Großeltern und Lehrmeister von Dhyani Ywahoo sind beide etwa einhundertfünfundzwanzig Jahre alt geworden, weil ihre Kanäle Zeit ihres Lebens offen und durchlässig waren. Auch in den letzten Lebensjahren waren sie noch sehr agil. Selbst am Vortage ihres Todes hielten sie sich kerzengerade und waren noch so gelenkig, daß sie den ganzen Morgen tanzten. Wenn alle Energiebahnen unseres Körpers frei sind, werden unsere Zellen ausreichend mit *Nahrung* versorgt. Eine solche Zelle ist beinahe unsterblich[3]. Sie regeneriert sich immer wieder, vorausgesetzt, sie wird gut genährt. Bei der Meditation werden zunächst die Kanäle im Körperinneren geöffnet. Sobald dies geschehen ist, bringen wir uns mit allem, was lebt im Universum, in Einklang, denn wir alle stehen jederzeit mit allen Sphären in Verbindung. In unserer Gesellschaft neigen wir zur Differenzierung, angefangen bei den wissenschaftlichen Disziplinen, über die einzelnen Klassen innerhalb der Gesellschaft bis hin zu den Kindern nach Alter und Schulausbildung. Wir zäunen unser Grundstück ein, um uns von unseren Nachbarn abzugrenzen, bauen Absperrungen und ziehen Grenzen. Zuletzt führen wir auch im Geiste unauf-

---

3 Ebenda, S. 22

hörlich trennende Maßnahmen durch, während wir doch alle miteinander verbunden sind. Es gibt aber einen guten Grund, warum wir uns nicht von unserer Umgebung trennen dürfen: Wenn wir der Umwelt Schaden zufügen, schaden wir nur uns selbst. Die Wechselwirkung ist konstant. Aus diesem Grund müssen wir sehr auf unsere Gedanken und Worte achten, entscheiden sie doch über unsere Zukunft. Unser Leben ist das Ergebnis unserer Gedanken, Worte und Taten. Am Anfang steht immer der Gedanke. Bevor der Architekt seinen Entwurf macht, muß er zunächst überlegen, welche Art von Haus er bauen will. Wenn wir also stets auf unsere Gedanken bedacht sind, schaffen wir um uns herum Harmonie.

Ich rate immer wieder dazu, sich zweimal am Tag mit aufrechter Wirbelsäule hinzusetzen und sich zu sammeln. Erstens ist das gut für die Gesundheit, weil die Energie, die nicht zum Sehen, Hören, Fühlen, Schmecken oder Sprechen gebraucht wird, ins Innere zurückfließen kann und Heilung bringt. Zweitens werden dabei die Kanäle unseres Körpers gereinigt und geklärt, damit wir uns als die erkennen, die wir wirklich sind. Wohl dem, der weiß, wer er ist, wie es um sein Potential bestellt ist und mit welchen Mitteln er arbeiten kann. Beim Meditieren werden wir gewahr, daß unser Inneres ein großes Geheimnis birgt, daß dort eine unergründliche Quelle existiert, die uns mit dem Universum vereint. Jeder Mensch besitzt so etwas, woraus Liebe und Leidenschaft erwachsen. In diesem Augenblick können wir aufrichtig auf den anderen zugehen und ihm helfen. Meditation und die Arbeit an sich selbst sind also die Grundlagen für den Umgang mit Kristallen und Edelsteinen. Unser spiritueller Pfad begleitet uns zeit unseres Lebens. Wir brauchen nicht erst in die Ferne zu schweifen. Das Wesentliche geschieht hier und jetzt. Wir sind mehr als nur ein Körper, eine Persönlichkeit oder ein Name. Wir sind eine göttliche Quelle, identisch mit dem, was manche Allah, den Großen Geist oder Gott nennen. Einige Naturvölker bezeichnen diese göttliche Quelle als das *Große Geheimnis*, weil sie tief in unserem Inneren liegt und zu gewaltig ist, um benannt oder beschrieben zu werden. Wer sich in der Meditation übt, könnte mit einer Zwiebel verglichen werden: In aller Ruhe befreit sich der Meditierende von seinen äußeren Schalen, bis er ans Innere gelangt, an die göttliche Quelle, die uns alle miteinander verbindet.

Der oberste Grundsatz lautet daher: Der erste Kristall, mit dem ich arbeiten muß, bin ich selbst.

Der Respekt

Als zweiter Grundsatz folgt der Respekt. Dazu müssen wir uns vorstellen, daß Kristalle und Edelsteine Lebensformen aus dem Inneren der Erde sind. Wissenschaftler sehen in der Erde oft nur eine Kugel aus Erde, Stein und Wasser, die durch den Raum gleitet, während sie in Wirklichkeit ein lebendiger Organismus ist, eine Wesenheit, ein Wesen, das eine sehr hohe Entwicklungsstufe erreicht hat. Die Großmutter von Dhyani Ywahoo hat sich als Planet reinkarniert, denn sie hat alles erreicht, was sie auf der Erde an Erfahrungen hat sammeln können. Heute ist sie ein Wesen von viel gewaltigerem Ausmaß. Sie kann zahlreiche Lebensformen in sich aufnehmen und vielen Menschen helfen, vielen mehr, als sie es einst als Mensch vermochte. Sie hat eine Stufe in der Evolution übersprungen; sie ist ein Planet geworden.

Mutter Erde, wie sie von den nordamerikanischen Indianern genannt wird, ist ein sehr hoch entwickeltes Wesen. Sie muß zur Zeit furchtbar leiden, weil ihre Kinder (also Sie und ich) sich nicht genügend um sie kümmern. Wir haben vergessen, daß Mutter Erde ein lebendiger Organismus ist und daß sie ebenso wie unsere biologische Mutter unserer Gebete und unserer Achtung bedarf. Wir haben sie ausgebeutet um unserer eigenen Befriedigung willen und uns nicht darum gekümmert, ob für die nachfolgenden Generationen noch etwas übrigbleibt. Wir schneiden ihr die Haare (ihre Wälder), lassen Atombomben in ihrem Bauch explodieren, die Erdstöße hervorrufen und den Nordpol um drei bis vier Meter verrücken. Des weiteren saugen wir ihre Hormone ab (das Erdöl), um unsere Fahrzeuge fortzubewegen und unsere Häuser zu beheizen. Wir verunreinigen ihr Blut (die Gewässer der Erde) und ihre Lunge (die Atmosphäre). Auf diese Weise bringen wir den Körper von Mutter Erde aus dem Gleichgewicht. Das ätherische Herz der Erde gerät immer mehr aus den Fugen.

Bei der Erdrotation sprechen wir von vier Zuständen: dem stabilen Zustand; dem Zustand des kurzzeitigen Abrutschens oder Abgleitens; dem Zustand des permanenten Abgleitens und schließlich dem Zustand des Wirbelns oder schnellen Drehens. Letzterer ist in der Erdgeschichte bereits in der Eiszeit aufgetreten, als die Erde ihre ursprüngliche Umlaufbahn verließ. Momentan befinden wir uns im dritten Stadium, dem des permanenten Abgleitens. Wenn wir in das nächste Stadium eintreten, in dem die Erde ins Trudeln gerät und ihre Umlaufbahn verläßt, sind wir endgültig verloren. Alles auf dem Planeten wird dem Erdboden gleichgemacht und gefrieren. Bevor es dazu kommt, müssen wir unser verhängnisvolles Treiben beenden und der Erde wieder mit Achtung begegnen. Ein jeder von uns trägt Verantwortung für sie. Wir müssen begreifen, daß wir das Bewußtsein der Erde sind. Die Menschheit besitzt die nötige Intelligenz, um eine Veränderung zu bewirken, genauso wie sie für die Umweltkatastrophe verantwortlich zu machen ist, auf die wir heute zusteuern. Wir dürfen vor allem nicht warten, bis die Regierungen die Initiative ergreifen, denn die folgenschweren Umweltprobleme, vor denen wir heute stehen, haben sie selbst verursacht, und zwar durch übermäßigen Einsatz der Technologie zu wirtschaftlichen Zwecken. Der Grund für die Umweltverschmutzung ist unser Wirtschaftssystem, in dem jeder sich nehmen kann, was er will, ohne sich um den Nächsten zu kümmern. Manche Menschen bereichern sich immerzu, während ihre Nachbarn in Armut sterben. Früher gab es das nicht. Die Menschen teilten untereinander und auch mit dem Tier-, Mineral- und Pflanzenreich, mit Mutter Erde, mit Wind und Wolken. Alle diese Dinge sind vom Geist beseelt, sind lebendig und haben ein Bewußtsein.

Wenn ich Workshops unter freiem Himmel abhalte, gibt es immer wieder Leute, die sich über die Reaktion der Elemente wundern. Zu Beginn des Workshops haben wir meist schönes Wetter, das bis zur Meditation anhält. Wenn wir dann mit dem Meditieren beginnen, fängt es an zu regnen, und der Regen dauert bis zum Ende der Meditation an. Daß es unaufhörlich während der Meditation regnet, liegt daran, daß ich darum gebeten habe. Unter Darbringung eines Opfers bitte ich dann erneut um schönes Wetter, und kurze Zeit später scheint wieder die Sonne. Jedes Mal spielt es sich so ab. Wenn man lernt, mit den Naturgewalten zu kommunzieren, wird eine Synchronisation hergestellt. Nicht ich bin es, der es regnen oder die Sonne scheinen läßt, sondern die Elemente, die bereitwillig auf meine Bitten eingehen, weil ich mit ihnen im Einklang bin.

Es gibt Geschichten, die hört man immer wieder: Seit Monaten schon herrschte eine entsetzliche Dürre. Da kam eines Tages ein Indianer vorbei. Man fragte ihn, ob er es nicht regnen lassen könnte. Der Indianer sprach ein Gebet, und eine halbe Stunde später fielen die ersten Regentropfen. Das gleiche hätten auch die Dorfbewohner bewirken können, denn die Dankesworte sind die Nahrung der Götter. Für das, was wir haben, müssen wir danken. Wer gibt uns die Nahrung, die wir alle Tage zu uns nehmen? Es ist die Natur, Mutter Erde in ihrer großen Güte. Wir sind respektlos, wenn wir ihr nicht dafür danken. Wenn wir so weitermachen, wird uns alles, was wir haben, auf irgendeine Weise wieder weggenommen werden. Der Tag wird kommen, an dem unsere Gesellschaft nach der rücksichtslosen Plünderung der Natur Hunger leidet, weil sie ihre Ressourcen schlecht genutzt und die auf ihrem Planeten existierenden Lebensformen mißachtet hat. Wir tragen also alle die Verantwortung für diese Umweltkatastrophe. Jeder von uns steht mit der Umwelt in Verbindung und ist verantwortlich für sein Leben und für die Schädigung seiner Umwelt.

Das alles sollte uns bewußt sein, bevor wir mit Edelsteinen und Kristallen arbeiten, denn sie sind Kommunikationsmittel. Alles, was wir denken, sagen oder tun, wird von ihnen registriert, ausgesendet und verstärkt. Wer also die Befähigung zum Heilen mit Edelsteinen und Kristallen hat, muß auch die Verantwortung dafür übernehmen. Jede Fähigkeit birgt eine Verantwortung. Steine und Kristalle sind die Augen, die Ohren, die Nase und der Mund der Erde. Die Erde braucht sie zum Sehen, Hören, Riechen und Schmecken. Durch sie kann die Erde auch mit ihren Brüdern und Schwestern, mit den anderen Planeten unseres Sonnensystems, kommunizieren. Jeder der Erde entnommene Kristall bleibt in Kontakt mit der Erde. In vielerlei Hinsicht sind die Kristalle so etwas wie *das Auge Gottes*, das die Gedanken und Taten der Menschheit an Himmel und Erde übermittelt. Im Kosmos existieren geistige Wesenheiten, die dem Menschen übergeordnet sind und die über die Kristalle unseres Planeten auszuloten suchen. Es erübrigt sich zu sagen, daß wir derzeit ziemlich übel beleumundet sind. Der Mensch hat so manches Mal bedauerliche Fehler im Umgang mit Kristallen gemacht, und gäbe es nicht Menschen wie Dhyani, die mit diesen geistigen Wesenheiten kommunizierten und sich für uns einsetzten, wären wir schon längst vernichtet worden. Aus allen diesen Gründen müssen wir bei der Anwendung der Kristalle und Edelsteine äußerst behutsam vorgehen.

Wir dürfen uns nicht länger gegen die Umwelt versündigen, wir müssen unsere Fehler wiedergutmachen, und das täglich aufs neue. Anstatt Papier einfach in den Mülleimer zu werfen, sammeln und recyceln wir es. Das gleiche gilt für Metall, Kunststoff und Glas. Wenn die Trennung von Haushaltsabfällen bei Ihnen noch nicht geregelt ist, dann schließen Sie sich mit anderen zusammen und üben Sie Druck auf die Stadtverwaltung aus. Sie müssen handeln und etwas tun für Ihre Umwelt. Darin besteht Ihre Verantwortung. Das Leben der zukünftigen Generationen hängt ab von unseren Entscheidungen und unseren Taten. Was für eine Welt hinterlassen wir den nach uns kommenden Generationen? Wird die Luft zum Atmen noch gut und das Wasser trinkbar sein? Daran müssen wir denken und entsprechend handeln. Ein einzelner, der sich dieser Verantwortung bewußt ist, kann schon viel ausrichten. Und wenn er gleichzeitig mit Kristallen arbeitet, kann er eine zusätzliche Kraft für Veränderungen nutzen. Bei der Arbeit mit Kristallen ist daher vor allem auf die Gesunderhaltung von Mutter Erde zu achten, denn wir haben es hier mit ihren intimsten Teilen zu tun. Dafür, daß sie diese kristalline Lebensform bereitwillig angenommen hat, gebührt ihr und jedem Kristall aus ihrem Körper höchste Anerkennung. Bei den nordamerikanischen Indianern heißen die edlen Steine und Kristalle *die Knochen von Mutter Erde*.

Der zweite Grundsatz lautet: Respekt.

Wer diese beiden Grundsätze beherzigt, hat eine gesunde Basis, auf der er eine wirksame Heilbehandlung in Einklang mit den universellen Gesetzen aufbauen kann. Für die Durchführung dieser Behandlung muß er sich aber die nötige Zeit nehmen. Die mächtige Eiche ist ja auch nicht an einem Tag gewachsen. Es ist wichtiger, gemächlich seinen Weg zu gehen als möglichst schnell das Ziel zu erreichen. Alles zu seiner Zeit. Schritt vor Schritt kommt auch zum Ziel, lautet ein Sprichwort. Langsam aber sicher, so ist es natürlich; das ist der Weg, den das Leben uns lehrt. Wie sagt Dhyani doch so schön: Das Wichtigste ist Meditieren, Nachsinnen über das Wesen unseres Geistes. Das Mysterium und die Kräfte, die sich alsdann offenbaren, sind zweitrangig. Der wahre Sieg besteht in der Selbsterkenntnis, in der Erkenntnis, daß wir mit unseren Gedanken, Worten und Taten unser Leben, die Welt um uns herum und die nachfolgenden Generationen formen.

Kapitel 1

Die Reinigung und Pflege der Edelsteine und Kristalle

An dieser Stelle möchte ich über die Reinigung und Pflege der Edelsteine und Kristalle sprechen, zwei sehr wesentliche Punkte beim Kristallheilen. Es gibt für die Steine nur eine einzige empfehlenswerte Reinigungsmethode, und die ist von Oh Shinnah wissenschaftlich untersucht und bestätigt worden. Sie brauchen dafür zunächst eine Schale aus einem natürlichen Werkstoff (zum Beispiel Glas, Keramik, Stein, Holz). Nehmen Sie auf keinen Fall ein Kunststoff- oder Metallgefäß. Füllen Sie die Schale mit Quellwasser oder destilliertem Wasser und geben Sie eine Prise Meersalz dazu (das exakte Mengenverhältnis ist ein Viertel Teelöffel Salz auf einen Liter Wasser). Es empfiehlt sich, ein solches Gefäß griffbereit am Bett stehen zu haben, denn die tägliche Reinigung der Steine ist, wie Sie noch sehen werden, manchmal unverzichtbar. Sie können zum Beispiel vor dem Schlafengehen Ihren Schmuck in diese Schale legen und den Kristall, mit dem Sie einschlafen, herausnehmen. Am nächsten Morgen nehmen Sie Ihren über Nacht gereinigten Schmuck wieder heraus und legen Ihren *Schlafstein* hinein.

Mit jedem neu erworbenen Stein oder Kristall (ob Schmuck oder Rohstein) verfahren Sie ebenso. Allerdings dauert eine solche Reinigung dann eine ganze Woche, das heißt sieben Tage und sieben Nächte. Bei diesem Vorgang werden alle Erinnerungen sowie frühere Programmierungen gelöscht und die positiven Ionen (siehe Anhang II: Das Ausräuchern), die sich im elektromagnetischen Feld des Kristalls anlagern konnten, entzogen. Ein Kristall verfügt über ein enormes Erinnerungsvermögen. Er erinnert sich an alle Orte und Plätze, an denen er gewesen ist, an alle Menschen, mit denen er in Berührung gekommen ist und an alle Energien, die auf ihn eingewirkt haben. Diese Eigentümlichkeit verdankt er seiner molekularen Struktur. Wie Sie vielleicht wissen, bestehen die Speicherchips der Computer unter anderem aus winzigen Silizium-Kristallen. Die therapeutische Arbeit mit dem Kristall setzt allerdings eine ordnungsgemäße Reinigung voraus. Sie müssen schließlich wissen, welche Energien er verstärkt und welche *Erinnerungen* er speichert. Bei einer Heilbehandlung darf nicht unwissentlich mit einer x-beliebigen Energie gearbeitet werden. Deshalb legt man den Kristall eine Woche lang in Salzwasser und löscht so all seine Erinnerungen.

Diese spezielle Reinigungsmethode beruht auf einem elektrischen Phänomen. Die sich auflösenden Meersalzkristalle verteilen sich gleichmäßig zwischen den Wassermolekülen und laden sie dabei elektrisch auf. Die elektrische Ladung in den Wassermolekülen ist jetzt stärker als die in den Kristallmolekülen. Dadurch wird es möglich, den Gedächtnisspeicher des Kristalls zu löschen und die positiven Ionen abzuspalten, die sich in seinem elektromagnetischen Feld angelagert haben. Derart gereinigt, ist der Kristall nun therapeutisch einsetzbar.

Ich kannte einmal einen Mann, der einen Quarzkristall um den Hals trug. Dieser Mann klagte ständig über Halsschmerzen. Da ich wußte, daß er seinen Kristall nie reinigte, riet ich ihm dazu, den Quarz einfach einmal abzunehmen. Eine Viertelstunde später war er seine Halsschmerzen los. Es waren vermutlich seine negativen Gedankenformen oder disharmonischen Absichten, die sich im Kristall festgesetzt hatten, und solange er diesen Kristall um den Hals trug, behielt er auch seine Halsschmerzen. Es kann also gesundheitsschädliche Folgen haben, wenn wir Kristalle am Körper tragen, die nicht ordentlich gereinigt worden sind. Für eine erneute Reinigung braucht man den Kristall dann nur noch zwanzig Minuten in Salzwasser zu legen. Das entspricht in etwa der

Zeit, die man zum Duschen aufwendet. Ein zum Schutz oder zu Heilzwecken getragener Kristall bedarf einer täglichen Reinigung. Bei Kristallen, die einen festen Platz auf einem Tisch, Schreibtisch oder Altar bekommen, reicht es aus, wenn sie alle drei Wochen einer Reinigung unterzogen werden. Lassen Sie sich von Ihrer Intuition leiten. Ein zu therapeutischen Zwecken benutzter Kristall hingegen muß nach jeder Heilbehandlung gereinigt werden. Wenn Sie sich von der Richtigkeit dieser Aussagen überzeugen wollen, machen Sie doch einmal einen kleinen Test. Legen Sie einen Teil Ihrer Edelsteine, Kristalle oder Schmuckstücke eine Woche lang ins Reinigungsbad. Danach vergleichen Sie sie mit Ihren restlichen Steinen. Sie werden feststellen, daß die gereinigten Steine stärker funkeln und strahlen als die ungereinigten.

Wenden wir uns nun der Pflege der Kristalle und Edelsteine zu. Genauso wie wir Menschen von Zeit und Zeit urlaubsreif sind, Tapetenwechsel und Luftveränderung brauchen, muß sich auch der Kristall ab und zu regenerieren. Sehr gut bekommt ihm eine Auffrischung in fließendem Wasser, in einem Bach oder einem Flüßchen. Zur Not tut es auch der Wasserhahn. Nach einem solchen Erfrischungsbad macht der Kristall einen rundum zufriedenen Eindruck und erstrahlt in herrlichem Glanz. Diese Lichteffekte sind nur ein Ausdrucksmittel, das dem Kristall zur Verfügung steht. Gönnen Sie Ihren Kristallen hin und wieder für ein bis zwei Stunden ein Bad in fließendem Wasser, aber passen Sie auf, daß sie nicht fortgespült werden. Sie können aber auch den Wasserhahn aufdrehen und den Wasserstrahl über die Kristalle laufen lassen. Legen Sie die Kristalle zuvor auf eine naturbelassene Oberfläche (beispielsweise auf ein Holzbrett), insbesondere dann, wenn Sie Ihr Wasser von einem Brunnen beziehen.

Es ist allgemein bekannt, daß Kristalle einen sehr hohen Härtegrad besitzen, der sie schlag- und stoßfest macht. Aus diesem Grund werden sie in der Schmuckindustrie verwendet. Wird jedoch in einem bestimmten Achsenwinkel mechanisch auf die Kristalle eingewirkt, vor allem im Rohzustand, dann können sie wie Glas zerbrechen. Kristalle haben nämlich sogenannte Spaltflächen. Zwei Steine können sich auch gegenseitig ritzen oder zerkratzen. Bei der Berührung mit einem anderen Kristall kann es darüber hinaus auch zu einem Austausch von Energien oder zu einer Programmierung kommen. Um dies zu verhindern, wickelt man jeden einzelnen Kristall in einen roten Stoff aus Naturfaser ein. Dieser Stoff kann aus reiner Baumwolle, Seide, Wolle oder aus hundert Prozent Leinen bestehen. Es dürfen jedoch nur Naturfasern verwendet werden, weil Kristalle kein Synthetik mögen. Die Farbe Rot ist ganz bewußt gewählt, denn von allen Farbschwingungen ist sie die langsamste und gleichzeitig auch die stärkste. Sie baut auf diese Weise eine natürliche Energieschranke auf, die den Kristall daran hindert, Energie von außen aufzunehmen und seinerseits Energie abzustrahlen. Wenn Sie zum Beispiel einen Kristall besitzen, der auf Anspannung und Konzentration programmiert ist, Sie sich aber entspannen möchten, müssen Sie sich dieser Programmierung unbedingt entziehen. Wickeln Sie den Kristall in rote Naturfasern ein, bleibt seine Programmierung erhalten. Das gleiche gilt für den Transport von energetisch unbeständigen Kristallen (für Zeremonien oder zum persönlichen Gebrauch), die vor Fremdenergien geschützt werden müssen. Von der Wirksamkeit dieser Technik konnte ich mich einmal selbst überzeugen: Bei meinen ersten Kristallkäufen auf Ausstellungen hatte ich enorme Schwierigkeiten. Da stand ich dann in einer riesigen Halle inmitten von Messeständen, die eine Vielzahl von Kristallen feilboten, allesamt ungereinigt. Diese bunt zusammengewürfelten Steine erzeugten mit ihren Schwingungen ein unerträgliches Raumklima. Da ich für diese Schwingungen sehr empfänglich war, wurde ich übernervös und hyperaktiv. Trotz der Faszination, die von all diesen Steinen ausging, hatte ich ständig das Gefühl, flüchten zu müssen. Die Einkäufe, die ich an diesem Tag tätigte, waren deshalb auch nur mäßig. Ich erkannte meine mißliche Lage und sann auf Abhilfe. Als ich das nächste Mal eine Ausstellung besuchte, war ich von Kopf bis Fuß in rote Baumwolle gekleidet. Diesmal konnte ich meine Einkäufe in Ruhe erledigen, ohne daß ich innerlich unter Streß stand, abgesehen davon, daß mich die Blicke der Leute ein bißchen störten, die ungeniert auf meine etwas ausgefallene Kleidung starrten. Dieses Experiment war der Beweis für die Wirksamkeit von roter Baumwolle als Schutz gegen den Austausch von kristalliner Energie.

Für den Transport oder zur Aufbewahrung werden Kristalle also immer in roten Naturstoff eingewickelt. Wenn Sie dagegen einen Kristall um den Hals oder in der Tasche tragen und seine Schwingungen spüren wollen, dann dürfen Sie ihn nicht einpacken, denn durch den Stoff kann er nicht auf Sie einwirken.

In manchen Büchern wird angeraten, die Steine zur Reinigung in grobes Salz einzulegen. Diese Methode ist meiner Erfahrung nach überaus schädlich für einen Kristall, denn das Salz frißt Löcher in sein elektromagnetisches Feld. Wenn Sie Ihren Kristall schon einmal versehentlich ins Salzbad gelegt haben, können Sie trotzdem etwas für seine Genesung tun. Zuallererst entschuldigen Sie sich bei ihm, denn wie Sie ja bestimmt wissen, ist er ein lebendiges Wesen. Als nächstes vergraben Sie ihn für achtundzwanzig Tage in der Erde, damit er zur Wiederherstellung seines elektromagnetischen Feldes die Erdenergien anzapfen kann. Anschließend reinigen Sie ihn eine Woche lang in Salzwasser. Einige Bücher schreiben vor, die Kristalle zum Aufladen dem Sonnenlicht auszusetzen. Auf einige Steine mag das zutreffen, denn die Sonne wirkt wie eine Batterie und ist somit die absolute Energiequelle auf der physischen Ebene. Es gibt aber auch Kristalle, die die Sonnenenergie nicht mögen. Diese Kristalle sind unter der Erde gewachsen, fernab von jedem Licht, und die Sonne würde sie zu sehr verletzen. Wie dem auch sei, Sie brauchen Ihren Kristall zum Aufladen nicht in die Sonne zu legen. Es reicht völlig aus, wenn Sie ihn wie oben beschrieben unter fließendes Wasser halten. Nur für den Fall, daß Sie einen eigens mit Sonnenenergie aufgeladenen Kristall benötigen, sollten Sie ihn dem Sonnenlicht aussetzen.

Und schließlich sollten Sie eine gute Beziehung zum Kristall aufbauen, eine freundschaftliche Beziehung. Er lebt und ist sich Ihrer Gegenwart bewußt. Zeigen Sie sich ihm gegenüber genauso respektvoll wie allen anderen Lebensformen gegenüber auch. Hüten Sie sich vor der Vorstellung, ihn nur zu benutzen, sehen Sie ihn vielmehr als Mitarbeiter. Von Zeit zu Zeit sollten Sie während des Meditierens Zedern-Räucherstäbchen anzünden, damit der Rauch den Kristall ganz durchdringen kann. Danken Sie ihm für seine Hilfe und halten Sie sich genauestens an die hier gegebenen Anweisungen zu seiner Pflege. Dann werden Sie einen Freund gewinnen, der Ihnen stets hilfreich zur Seite steht.

Kapitel 2

Die Steine und ihre Eigenschaften

Ich möchte mich nun dem eigentlichen Wesen der Kristalle zuwenden. Was ist ein Kristall? Ein Kristall ist eine mineralische Substanz, die eine geometrisch regelmäßige, raumgitterartige innere Anordnung von chemischen Teilchenschwerpunkten auszeichnet. Das heißt, daß seine Moleküle in einer geometrischen Form angeordnet sind und einander nach einem regelmäßigen Muster anziehen. Dieses Phänomen ist mit bloßem Auge sichtbar, wenn sich seine innere Struktur äußerlich manifestiert. Wenn Sie sich einen Kristall anschauen, erkennen Sie Oberflächen, Winkel, geometrische Flächen und manchmal auch eine Spitze. Das ist ein Spiegelbild der geometrischen Anordnung auf der Molekularebene. Wenn die mineralische Substanz ihre innere Struktur durch sichtbare geometrische Formen zum Ausdruck bringt, bezeichnen wir dies als Kristall. Durch diese regelmäßige Anordnung der Moleküle erhält der Kristall auch seine Eigenschaft als Energieverstärker und -transformator. Es gibt aber auch kryptokristalline Quarzminerale, wie zum Beispiel den Achat und den Jaspis. Diese Substanzen haben zwar auch eine kristalline Struktur, die jedoch mit dem bloßen Auge nicht zu erkennen ist. Man sieht nur irgendeinen Stein ohne geometrische Formen. Erst unter dem Mikroskop werden Tausende von kristallinen Einzelteilchen sichtbar, die jedoch keine einzelnen Kristalle sind. Neben den kristallinen und kryptokristallinen Mineralen werden zu Heilzwecken auch noch andere Substanzen eingesetzt, beispielsweise Korallen und Türkise. Kristalline und kryptokristalline Minerale stehen bei der therapeutischen Anwendung jedoch im Vordergrund.

Bergkristall

Manche Kristalle werden mehr als andere zu Heilzwekken eingesetzt. Der meistgebrauchte ist der *Bergkristall*, ein farbloser, wasserklarer Quarz von strahlendem Licht. Er erscheint fest und massiv, aber in Wirklichkeit übersteigt seine Schwingungsfrequenz unser derzeitiges Wahrnehmungsvermögen. Der Bergkristall gehört zu den perfektesten Formen unseres Universums. Mit seinem strahlenden Licht und seiner vollendeten Form läßt er sich denn auch gezielt therapeutisch einsetzen. Alles Dichte, Schwere, Schädliche und Unheilvolle prallt von diesem Kristall ab, denn als vollendeter Träger reinen Lichts ist er das genaue Gegenteil von Finsternis. Haß, Eifersucht, Neid und Wut können dem Kristall nichts anhaben. Er baut einen Schutzwall auf, der psychische Angriffe aller Art, jede Verblendung, jede Besessenheit und jede negative Energie, die unserer Aura schadet, von uns fernhält. Zur Abwehr von allen schädlichen Einflüssen trägt man den Bergkristall über dem *spirituellen Plexus*. Dieses von Oh Shinnah so benannte Nebenchakra hat seinen Sitz an der Spitze des Brustbeins, genau zwischen dem Solarplexus und dem Herzzentrum. In der Tat befindet sich unten am Brustbein, dort, wo ein kleiner Knochen nach innen ragt, die empfindlichste Stelle des menschlichen Körpers. Über den spirituellen Plexus nehmen wir auch alle Eindrücke, Empfindungen und Gefühle von außen auf. Genau auf diese Stelle prallt der ganze Zorn, den ein anderer über uns entlädt. Um also unser elektromagnetisches Feld gegen negative Energien abzuschirmen, empfiehlt es sich, einen Bergkristall an besagter Stelle zu tragen. Er schützt uns vor allen schädlichen Einflüssen. Ein besonders charakteristisches Merkmal des Bergkristalls ist sein Lichtbrechungsindex von 1,55 (das heißt, die Ablenkung eines Lichtstrahles von der ursprünglichen Richtung unter einem Winkel von 1,55). Da der Bergkristall mit Licht arbeitet, sollte er als

Schutzstein nicht fern vom Licht in der Kleidung versteckt, sondern darüber getragen werden. Auf diese Weise wird alles, was an dunkler oder verdichteter Energie auf uns zukommt, automatisch durch die Lichteinwirkung und das vom Bergkristall verstärkte elektromagnetische Feld zerstreut, ohne daß wir bewußt etwas zu unserem Schutz unternehmen müssen. Besondere Aufmerksamkeit kommt daher der Stelle des Körpers zu, an der der Kristall getragen wird. Viele haben die Angewohnheit, den Kristall eine Handbreit über dem spirituellen Plexus zu tragen, vermutlich, weil sie es ästhetischer finden. In dieser Höhe gewährt der Bergkristall jedoch keinen Schutz.

Die schützende Wirkung des Kristalls möchte ich anhand einer kleinen Anekdote verdeutlichen. Ich war selbst einmal Aussteller auf einer Messe für sanfte Heilmethoden, und mein Stand war bereits den ganzen Morgen über gut besucht. Eine meiner Mitarbeiterinnen, die für Fremdenergien sehr empfänglich ist, wurde von den auf sie einwirkenden Energien geradezu erdrückt. Angesichts dieses unerträglichen Zustands mußte sie von Zeit zu Zeit die Ausstellungshalle verlassen. Je später es wurde, desto häufiger mußte sie nach draußen verschwinden. Um sie aus ihrer mißlichen Lage zu befreien, nahm ich eine Kette mit einem Anhänger aus Bergkristall und legte sie ihr um den Hals. Der Schmuckstein reichte ihr gerade bis zum spirituellen Plexus. Von dem Augenblick an konnte sie fünf Stunden ohne Pause am Stand verbringen. Alle Energien der Standbesucher prallten sofort an ihr ab. Sie konnte dem Publikum ins Auge sehen und überstand den Tag unbeschadet und unbehelligt von den Energien der vorüberziehenden Menschenmassen. Die Erfahrung zeigt, daß man derart geschützt sehr viel offener und freier auf andere Menschen zugehen kann. Am Abend fühlt man sich bei weitem nicht so erschöpft; man selbst hat weniger Energie verbraucht und auch weniger Energie von anderen aufgenommen. Wer beruflich viel mit Menschen zu tun hat, wird dies schnell feststellen.

Die Kristalle, die natürlich gewachsen oder nach dem Vorbild der Natur geschliffen sind, das heißt, sechs Facetten und eine Spitze aufweisen, werden mit der Spitze nach unten Richtung Erdboden getragen, um die eigene Energie zu erden. Zeigt die Spitze nach oben, ist der Kristall bestrebt, die Energie in Höhe des Kehlkopf- oder Halschakras zu speichern. Die Kehle fühlt sich dann wie zugeschnürt an, und man hat manchmal Mühe zu sprechen. Des weiteren wird man dazu neigen, unerwünschte Energien festzuhalten, da sie nicht so gut in den Boden abfließen können, um sich dort zu neutralisieren. Das stumpfe Ende des Kristalls muß freiliegen. Die Silber- oder Goldfassung, die zur Befestigung des Kristalls dient, falls dieser ein Schmuckstein ist, darf das der Spitze gegenüberliegende Ende nicht ganz verdecken. Die Fassung sollte um das stumpfe Ende herumgeführt werden, damit der Kristall durch den Stumpf noch atmen kann, genauso wie durch seine freiliegende Spitze. Bei manchen Kristallen ist der Stumpf völlig von einer Silber- oder Goldlegierung verdeckt. Solche Kristalle können nicht mehr durch das Ende atmen. Heutzutage haben die geschliffenen Quarzkristalle fast immer an beiden Enden eine Spitze. Diese Quarze sind nicht so wirksam wie die mit nur einer nach unten zeigenden Spitze. Andererseits kann dieser Quarz auch eine völlig andere Schliffform haben. Es ist nicht unbedingt erforderlich, daß er eine Spitze und sechs Seiten hat. Ein zum Schutz getragener Kristall muß täglich gereinigt werden. Andere Menschen sollten ihn nach Möglichkeit nicht berühren. Durch die Berührung von außen wird er nämlich mit positiven Ionen aufgeladen, was eine Blockade erzeugt und seine Wirkung beeinträchtigt. (Es gehört zu den besonderen Merkmalen eines Bergkristalls, positive Ionen anzuziehen und negative Ionen auszusenden, und das ist wohltuend für den Organismus. Siehe Anhang II: Räucherungen.) Naturgemäß fühlen sich die meisten Menschen von einem Schmuckstein geradezu magisch angezogen, und ehe man sich versieht, haben sie ihn bereits angefaßt. In einem solchen Fall sollten Sie den Stein sobald wie möglich für kurze Zeit in Salzwasser legen.

Der Quarzkristall gehört zu den perfektesten Formen des ganzen Universums. Diese Vollkommenheit der Form kommt dem Heilvorgang sehr zugute. Sie wirkt nämlich wie ein Katalysator für unsere eigene Vollkommenheit, denn im Grunde sind wir alle vollkommen. Unser Wesen ist Licht, das direkt aus der göttlichen Welt erstrahlt. Bei der Geburt besitzen wir alles, was wir brauchen, um das zu vollbringen, was wir wollen. Doch die Mißgeschicke, die einem während dieser Inkarnation widerfahren, die negativen Gedanken, an denen man festhält, der Liebesentzug und all die anderen disharmonischen Lebensumstände erzeugen Mängel in uns. Aber ich wiederhole es noch einmal: Unser Wesenskern ist vollkommen. Und diese Vollkommenheit soll widerhallen in Gegenwart des Kristalls, der selbst die Perfektion verkörpert. Das versteht man unter dem Gesetz der Harmonie. Wenn Sie zum Beispiel das Fortepedal am Klavier niederdrücken, um die Dämpfer emporzuheben, die in Ruhestellung den Saiten aufliegen, und dabei ein C, den ersten Ton der Grundtonleiter, anschlagen, schwingen alle verwandten Obertöne mit. Dies ist ein Phänomen der Resonanz. Alle C-Töne schwingen auf der Frequenz der angeschlagenen Töne mit, ohne daß Sie sie berührt haben. Dasselbe geschieht auch mit Ihnen und dem Kristall. In der Gegenwart eines Quarzkristalls, der ja ein Träger reinen Lichts ist und auf der *Tonleiter* der Perfektion schwingt, geraten wir dank der unserer Seele innewohnenden Vollkommenheit selbst auch in Schwingung. Diese Vollkommenheit, die wir selbst sind, unser wahres Sein, wird immer stärker und sucht nach Ausdrucksmöglichkeiten: mehr Ausgeglichenheit, bessere Gesundheit und Entfaltung unserer Möglichkeiten. Da die heutige Gesellschaft die

Menschen immer mehr zu Nummern degradiert, müssen wir ständig bemüht sein, unser wahres Potential ans Licht zu bringen. Der Quarzkristall kann uns dabei bestens helfen.

In einigen Kristallen finden sich aufgrund von Einschlüssen, Bruchstellen oder Rissen Regenbogen. Die prismatische Leiter aus Licht und Farben ist deutlich im Inneren eines solchen Kristalls zu erkennen und wirkt wie ein zusätzlicher Verstärker. Alle Quarzkristalle verstärken Absichten und Gedankenformen, doch ist diese Fähigkeit bei einem Regenbogenkristall noch besser ausgeprägt. Bergkristalle heilen die Risse und Störungen unseres elektromagnetischen Spannungsfeldes. Starke Raucher und Trinker, Leute mit traumatischen Erlebnissen (Verlust eines geliebten Menschen; schwere körperliche Schäden) oder auch solche, die unermüdlich arbeiten, sich über die Maßen aufreiben, weisen Löcher oder Risse oder auch beides in ihrer Aura auf. Einmal hatte ich mit einem Menschen zu tun, der von seinem Vitalitäts- oder Ätherkörper völlig abgetrennt war. Ich habe auch schon elektromagnetische Felder gesehen, die an manchen Stellen größer und an anderen wieder kleiner waren. In der Regel fühlt man sich in solchen Fällen recht unbehaglich und unausgeglichen. Hier kann mit dem gezielten therapeutischen Einsatz des Bergkristalls das elektromagnetische Feld wieder ins Gleichgewicht gebracht werden.

Der Bergkristall hat außerdem die Eigenschaft, die vorzeitig geweckte Kundalini abzuschwächen und zu beruhigen. Die Kundalini ist eine ganz besondere Energie, die zusammengerollt wie eine Schlange am Ende der Wirbelsäule ruht. Sie wird daher auch die *Schlangenkraft* genannt. Bei den meisten Menschen schlummert diese Kraft, und das ist auch gut so, denn wenn sie erst einmal geweckt ist, versucht sie sogleich, die Wirbelsäule bis zum Kopf emporzusteigen. Eine sehr anschauliche Darstellung der Schlangenkraft liefern uns die Hieroglyphen: einen Pharao mit einer Schlange vor der Stirn, direkt über dem dritten Auge. Dem Pharao ist es gelungen, die Kundalini aufsteigen zu lassen und sie bis zum dritten Auge zu lenken, wo sie sich als Hellsichtigkeit manifestiert. Wird die Kundalini aber geweckt, bevor alle Zentren oder Chakras geöffnet sind, steigt sie auf, bis sie auf ein geschlossenes Energiezentrum stößt, und staut sich dort. Hier verharrt sie dann und wirkt in besonders charakteristischer Weise auf dieses Chakra. Die meisten Menschen, deren Kundalini-Energie frühzeitig geweckt wurde, führen ein ausschweifendes Sexualleben, da die Schlangenkraft nur bis zum zweiten Chakra aufsteigen konnte. Nicht selten haben diese Menschen auch Probleme mit der Verdauung, der Fortpflanzung, dem Stoffwechsel und der Ausscheidung. Es gibt heute eine Vielzahl spiritueller Schulen, die speziell mit dieser Kundalini-Energie arbeiten und sie systematisch zu wecken versuchen. Mitunter wird dabei jedoch vergessen, den Hauptkanal und die einzelnen Chakras vorher einer gründlichen Reinigung zu unterziehen, was dann häufig zur Folge hat, daß die betreffende Person sehr verwirrt ist und ihre Energien schlecht nutzen kann. Der Quarzkristall kann hier Abhilfe schaffen, indem er die Schlangenkraft dämpft und wieder ins Gleichgewicht bringt.

Es kann jedoch passieren, daß ein Bergkristall nicht mit Ihrem Grundton übereinstimmt. Jeder Mensch schwingt auf einer bestimmten Frequenz. Den Grundton finden Sie am besten heraus, wenn Sie morgens nach dem Aufwachen den erstbesten Ton, der Ihnen einfällt, singen und aufschreiben. Nach mehrwöchiger Praxis werden Sie feststellen, daß ein bestimmter Ton konstant wiederkehrt. Das ist dann Ihr Grundton. Auch die Quarzkristalle haben ihren eigenen Grundton, den sie immer beibehalten. Als Dhyani Ywahoo noch jung war, mußte sie im Rahmen ihrer Ausbildung einen im Wald vergrabenen Kristall aufspüren. Dazu folgte sie dem Ton, den dieser Kristall aussandte. Auch Sie können lernen, den Gesang der Kristalle zu unterscheiden, denn alle

Kristalle singen, und wir sind durchaus in der Lage, ihre verschiedenen Töne auszumachen. Doch wie bereits angedeutet, kann es vorkommen, daß Ihr Grundton und der des Kristalls einen Mißklang erzeugen. Wenn Sie beispielsweise auf dem C schwingen und Ihr Kristall auf dem Fis, dann wird das Zusammenklingen dieser Töne als unharmonisch empfunden. Diese Dissonanz zwischen Ihnen und dem Kristall wird bei Ihnen Übelkeit und Schwindel verursachen, Sie werden sich nicht wohl fühlen und vieles mehr; kurzum, Sie werden unter unangenehmen und unerwünschten Nebenwirkungen leiden. Doch sollten Sie aus alledem nicht den Schluß ziehen, daß der Kristall deswegen schädlich ist. Sie passen ganz einfach nicht zusammen. In einem solchen Fall können Sie den Stein an jemand weitergeben, der mit ihm in Einklang ist, oder ihm eine andere Verwendung zukommen lassen, durch die Sie körperlich nicht mehr seinem Einfluß erliegen.

Von allen Kristallen entspricht der Bergkristall am ehesten dem menschlichen Wesen. Unser physischer Körper ist von einem ätherischen Energiefeld umgeben. Dieses ätherische Kraftfeld, Vitalitäts- oder Ätherkörper genannt, ist mehr oder weniger für den gesamten Energieaustausch zuständig und besitzt eine hexagonale Molekularstrukur, das heißt, jedes Molekül dieses Vitalitätskörpers weist sechs Seiten auf. Das elektromagnetische Feld des Bergkristalls und seiner Moleküle hat ebenfalls eine hexagonale Struktur und ist somit in Einklang mit dem menschlichen Körper. Nicht umsonst ist der Bergkristall die am häufigsten auf der Erdoberfläche gefundene Quarzart. Etwa fünfundsechzig Prozent der Erdmasse besteht aus Kieselsäure.

Ein farbiger Kristall darf nicht in das elektromagnetische Feld eines Menschen gelangen, weil dieser sonst Schaden nehmen könnte. Ein Bergkristall hingegen kann gefahrlos die einzelnen Schichten des elektromagnetischen Feldes durchdringen. Das nennen wir dann *Kri-*

stallbaden, weil dabei das Kraftfeld von positiven Ionen befreit wird. Manche Kristalle können auch lokal an genau bezeichneten Körperstellen aufgelegt werden. Ein gefahrloses Arbeiten im Kraftfeld ist aber nur mit einem Bergkristall möglich.

Hat ein Bergkristall die Größe von zwei Fäusten oder mehr, nennt man ihn Generatorkristall. Für Heilbehandlungen ist er zu mächtig, doch kann seine Aufgabe darin bestehen, Gedankenformen oder bestimmte Absichten zu halten und zu verstärken.

Amethyst

Wenden wir uns nun den Eigenschaften des *Amethyst* zu. Dieser der Venus und der Zahl drei zugeordnete Halbedelstein ist der Stein der Veränderung, der Transformation. Ein Amethyst ist der ideale *Reisestein*, deshalb empfiehlt es sich, stets einen im Auto zu haben. Ich weiß von vielen Menschen, denen der Amethyst das Leben gerettet hat. Ich selbst bin viel unterwegs und gehöre eher zu den unvorsichtigen und schnellen Fahrern, aber seit ich einen dieser violetten Steine im Kofferraum habe, war ich noch nie in einen Unfall verwickelt. Der Amethyst ist wie das Feuer der Verwandlung. Der zur Familie der Quarze zählende Stein verdankt seine violette Farbe den Magnesium-Einschlüssen. Dazu muß man Folgendes wissen: Wenn ein Kristall keinerlei Einschlüsse oder Unreinheiten aufweist, sind seine Moleküle so angeordnet, daß man hindurchsehen kann; der Kristall ist dann wasserklar und durchscheinend. Sind die Einschlüsse eines Kristalls über die ganze innere Struktur verstreut, wie es beim Amethysten der Fall ist, weist der Kristall in der Regel eine charakteristische Färbung auf. Diese ist von großer Bedeutung, wenn man die dieser Farbe zugeordnete Schwingung nutzen möchte.

Im Prinzip sind jedoch alle reinen Kristalle durchsichtig. Da gibt es zum Beispiel die sogenannten Berylle, Minerale, die im reinen Zustand glasklar und durchscheinend sind. Andere, die aufgrund von Einschlüssen grün erscheinen, heißen Smaragde, während es sich bei der hellblauen Farbvarietät um einen Aquamarin handelt. Die Bezeichnung eines Steins ist also abhängig von der jeweiligen Färbung.

Seine lilaviolette Färbung verdankt der Amethyst seinem Gehalt an Magnesium. Dieses Farbspektrum symbolisiert die alchimistischen Prozesse auf der physischen und spirituellen Ebene. Der Amethyst kann unter anderem dazu benutzt werden, mit schlechten Angewohnheiten zu brechen, zum Beispiel mit Alkohol- und Drogenmißbrauch und anderen krankhaften Abhängigkeiten. In einem solchen Fall legt man einen kleinen polierten Stein unter die Zunge eines Süchtigen. Da sich unter der Zunge verschiedene Drüsen befinden, die mit dem gesamten biochemischen System des menschlichen Körpers in Verbindung stehen, reagiert das kleine Amethyststückchen mit diesen Drüsen und wandelt so den Impuls des Abhängigen, irgendeine Substanz zu konsumieren, einfach um. Das Verlangen nach einem bestimmten Suchtmittel ist eigentlich nicht schuld an der Abhängigkeit, denn dieses Verlangen ist reine Energie und somit Teil des Potentials, das nach Entfaltung strebt. Schuld daran sind die Zwänge der Gesellschaft. Angesichts der Tatsache, daß der Mensch in der heutigen Gesellschaft ständig in vorgefertigte Rahmen hineingepreßt wird, stereotype Antworten geben muß und zu einem Rädchen im Getriebe der *idealen* Massengesellschaft wird, sind wir kaum noch dazu imstande, unser Potential zu entfalten. Wenn also diese Energie – entgegen den Plänen der Gesellschaft – in uns aufsteigt, lenken wir sie manchmal auf Aktivitäten, die unsere Lebenskraft vermindern, so zum Beispiel auf übermäßiges Essen, exzessiven Alkoholkonsum, verbotene Glücksspiele, bei denen wir um Geld wetten und am Ende immer die Verlierer sind, Kettenrauchen und vieles mehr. Auf lange Sicht führen diese Aktivitäten in die Abhängigkeit. Mit der Zeit gewöhnt sich der Körper daran und kann nicht mehr ohne sie leben. Sobald die Energie aufsteigt, versucht der Körper, diese Energie umzuwandeln, indem er stets gleich reagiert (das heißt, zu Alkohol, Drogen, Nahrung und so weiter greift). Und so stellt sich die Gewöhnung ein. Um mit diesen Gewohnheiten brechen zu können, empfiehlt es sich, direkt auf die Biochemie des Körpers einzuwirken, und dies wird mit einem kleinen Stück Amethyst unter der Zunge erreicht. Der Körper erhält auf diese Weise den Befehl zur Umwandlung, und dann liegt es an uns, die aufsteigende Energie anzunehmen und in andere Kanäle zu leiten. Ohne Zweifel ist es schwierig, mit einem Stein im Mund zu trinken, zu rauchen oder zu essen. In der Regel läßt man den Stein sechs Minuten lang unter der Zunge; soviel Zeit ist nötig, um das Verlangen umzuformen und umzulenken. Wir können diese Energie beispielsweise in den Bereich der Musik verlagern oder auf eine andere Beschäftigung, die uns gefällt. Diese Energie ist weder gut noch schlecht. Schlecht ist nur unsere Angewohnheit, sie derart zu kanalisieren, daß sie unserer Selbstentfaltung im Wege steht.

Alkoholismus, Drogensucht und andere Abhängigkeiten stellen eine seelische Erkrankung dar, deren Fortschreiten durch die Arbeit von Selbsthilfegruppen wie den AA (Anonyme Alkoholiker), Blaukreuzlern und anderen Gruppen von Suchtmittelabhängigen gestoppt werden kann. Die hier propagierte Technik mit dem Amethysten ersetzt keineswegs das Zwölf-Punkte-Programm dieser Selbsthilfeorganisationen, kann aber dazu beitragen, die Programmierungen, die durch die Sucht im Körper und in der Physiologie des Betroffenen gespeichert wurden, zu löschen beziehungsweise durch neue zu ersetzen.

Dazu das Beispiel einer Frau, die ihren alkoholabhängigen Mann auf diese Weise heilte. Da seine Krankheit schon zu weit fortgeschritten war, genügte es nicht, einen kleinen Amethyst unter die Zunge zu legen, denn der gute Mann trank fast zwei Liter Whisky täglich. Also programmierte sie einen violetten Quarzkristall und gab ihn in eine Whiskyflasche. Ihr Mann trank die Flasche leer, ohne den Stein zu bemerken. Sie nahm den Stein aus der Flasche, reinigte ihn, programmierte ihn neu und versenkte ihn in einer anderen Flasche. So machte sie es auch in den nächsten Tagen. Dann bemerkte sie, daß ihr Mann auf Wein umgestiegen war. Diesmal legte sie den Stein, gereinigt und programmiert, in die Weinflaschen. Nach einiger Zeit ging er zu Bier über. Unbeirrt machte sie weiter. Zu guter Letzt fand er den Weg zu den Anonymen Alkoholikern und unterzog sich einer Behandlung. Heute ist er *trocken*. Erst Jahre später erfuhr er von der Taktik seiner Frau. Das Beispiel zeigt, wie man vorgehen kann. Man bedient sich des Steins, um die schlechten Angewohnheiten und das Suchtverhalten zu ändern.

Der Amethyst hat einen Lichtbrechungsindex von 2,55, also höher als ein Bergkristall. Deshalb wird er auch gern als Schutzstein getragen. Er wirkt eher abstoßend als anziehend. Wer besonders schutzbedürftig ist, sollte sich deshalb lieber einen Amethyst zulegen. Für sehr empfindsame Menschen empfiehlt sich ein durchscheinender Rosenquarz. Der Amethyst wird wie der Bergkristall auf dem spirituellen Plexus getragen und bedarf als Schutzstein einer täglichen Reinigung. Er hat eine beruhigende Wirkung auf die unteren Chakras, stimuliert aber die Energie der oberen Chakras und läßt sie aufsteigen. Der Amethyst dient ebenfalls der sexuellen Orientierung. Manche Menschen haben Schwierigkeiten, ihre sexuelle Ausrichtung zu erkennen und zu verstehen, und dabei ist es wichtig zu wissen, wer man wirklich ist. Menschen, die ihre sexuelle Veranlagung nicht erkennen und ausleben können, bleiben ihr Leben lang unglücklich. Ich kenne eine Frau, die jetzt bei Oh Sinnah in die Lehre geht. Sie war verheiratet und hatte auch Kinder. Sie war todunglücklich bis zu dem Tag, als sie Oh Shinnah begegnete. Auf ihren Rat hin meditierte sie mit dem Amethyst und erkannte schon bald klar und deutlich ihre homosexuelle Veranlagung. Sie ließ sich daraufhin scheiden und suchte den Kontakt zu Frauen. Heute ist sie eine außergewöhnliche Heilerin, und sie hätte es sicher nicht so weit gebracht, wenn sie ihr wahres Selbst nicht aufgedeckt hätte. Wichtiger als die einmal getroffene Wahl ist das Verständnis für die eigene Sexualität. Der Amethyst kann uns dabei helfen, und deshalb meditieren wir mit dem Stein.

Im Umgang mit diesem Quarzkristall ist allerdings Vorsicht geboten. Seine Anwendung verbietet sich bei Autisten, Schizophrenen, hyperaktiven, retardierten und engstirnigen Menschen. Unter engstirnigen Menschen verstehe ich solche, die Scheuklappen tragen und fest auf ihren Vorstellungen beharren. Es könnte beispielsweise ein Geschäftsmann sein, dessen materialistisches Weltbild keine andere Sichtweise zuläßt. Solchen Menschen kann der Amethyst nicht helfen. Er brüskiert sie eher, und nicht selten kommt es zu Diskrepanzen. Da der Amethyst unter allen Steinen der stärkste Energietransformator ist, muß bei den genannten Personengruppen mit Bedacht vorgegangen werden. Die Therapie sollte zunächst mit einem anderen Stein beginnen. Erst wenn der Klient merkliche Fortschritte gemacht hat, kann der Amethyst ergänzend Verwendung finden.

Citrin

Wenden wir uns nun dem *Citrin* und seinen Eigenschaften zu, um zu lernen, wie man ihn therapeutisch am besten einsetzt. Zunächst einmal unterscheidet man zwischen dem Madeiracitrin und dem Goldcitrin. Ersterer ist ein Quarzkristall von braunroter Farbe, letzterer weist eine goldgelbe Färbung auf. Der Madeiracitrin reflektiert den orangefarbenen Strahl, der Goldcitrin den gelben. Beide Arten stammen aus der Familie der Quarze und weisen spezifische Einschlüsse auf. Der Citrin wird auch Kojotenstein genannt. In der indianischen Mythologie ist der Kojote einer, der anderen Streiche spielt und sie zwingt, etwas zu lernen, obwohl sie erbitterten Widerstand leisten. Der Citrin eignet sich demnach für Menschen, die sich einer Behandlung heftigst widersetzen, das heißt, für borniertte Menschen, die fest auf ihren Vorstellungen beharren. Wer den Schwingungen des Citrins ausgesetzt ist, öffnet sich leichter den höheren Schwingungen, der spirituellen Wirklichkeit, die er sonst nicht als solche erkennt. Einem engstirnigen Geschäftsmann sollte man eine Krawattennadel schenken, die mit einem Citrin verziert ist. Den Grund dafür braucht man ihm nicht zu verraten. Die Absicht, verstärkt durch den Kristall, reicht schon aus, um eine Veränderung bei ihm zu bewirken. Auf diese Weise haben Sie ihm einen kleinen Streich nach Art des Kojoten gespielt. Dieser Stein stimuliert sowohl den Mentalkörper als auch den spirituellen Körper und eliminiert die Toxine in den unteren Chakras. Er gewährt uns Zugang zu höheren Wirklichkeiten auf der spirituellen Ebene. Des weiteren reinigt er das elektromagnetische Feld. In der Aura mancher Menschen sind zum Beispiel hin und wieder bräunliche Bereiche festzustellen. Diese stehen für traumatische Beziehungen, die die betreffende Person zu sich selbst hat oder die sie im Laufe ihres Lebens erfahren hat und die sich in ihrem elektromagnetischen Feld festgesetzt haben. Der Citrin vermag diese negativen Ansammlungen zu zerstreuen. Die meisten der sogenannten psychosomatischen Krankheiten weisen derartige Symptome auf. Bei einer Citrinbehandlung muß immer zuerst mit einem Madeiracitrin des orangefarbenen Strahls begonnen werden. Im weiteren Behandlungsverlauf kann dann zum Goldcitrin mit dem gelben Strahl übergeleitet werden. Asthma gehört zu den psychosomatischen Krankheiten, die besonders gut auf die Behandlung mit Citrinen ansprechen.

Der Citrin wird auch zur Verarbeitung von traumatischen Erlebnissen eingesetzt. Gesetzt den Fall, ein Mann hatte soeben einen Autounfall, bei dem seine Frau und sein Kind ums Leben gekommen sind. Er muß sich in dieser Situation unbedingt seinem Schmerz stellen, allem, was er gerade verloren hat. Er muß den Schmerz fühlen und zum Ausdruck bringen. Der Schock ist manchmal so gewaltig, daß regelrechte Energieblockaden im emotionalen Bereich auftreten. Das Erlebnis wird verdrängt, unbewußt aus dem Bewußtsein verbannt, weil es zu schmerzlich ist. Ohne eine Gefühlsreaktion kann der Schmerz nicht verarbeitet werden und bleibt in der Aura des Betroffenen haften, wo er sich später in einem ungünstigen Augenblick entlädt. Daher ist es unbedingt erforderlich, daß der Betroffene weint und trauert, das heißt, seinen Gefühlen Ausdruck verleiht. Anderenfalls wird der Schmerz immer größer, ohne jemals eine klärende Wirkung zu erfahren, und das kann für den Betroffenen schlimme Folgen haben. Er täte also gut daran, ein Citrinstückchen in die Hand zu nehmen. Als unterstützende Maßnahme können Sie das Licht des Citrins visualisieren und es der betreffenden Person schicken. Kurzum, bei allen schweren traumatischen Erlebnissen sollte immer erst der Citrin verwendet werden.

Herkimer-Diamant

Der *Herkimer-Diamant*, ebenfalls aus der Familie der Quarze, ist ein Kristall mit zwei Spitzen. Er ist zweiendig, das heißt, er weist zwei natürlich gewachsene Enden auf, die sich im Winkel von 180 Grad gegenüberstehen. Im Gegensatz zu anderen zweiendigen Quarzkristallen ist der Herkimer-Diamant jedoch wuchtiger und härter. In der Regel haben die Quarze einen Härtegrad von 7, während der Herkimer-Diamant, je nach Ebene, eine Härte von 7,5 hat. Er ist der Stein der Träume, der Astralreisen und der außerkörperlichen Erfahrungen. Mit seiner Hilfe kann man zum Beispiel den physischen Körper leichter verlassen und auch wieder leichter in ihn zurückkehren und sich genauer an seine Träume erinnern. Zu Beginn der therapeutischen Anwendung erleben wir die Traumwelt genau umgekehrt. Wer sonst viel träumte, träumt jetzt weniger; und wer wenig träumte, träumt vermehrt. Das legt sich aber mit der Zeit, so daß sich der Betreffende bald besser an seine Träume erinnern kann und sicher durch die Traumwelt geleitet wird. Da der Herkimer-Diamant Übergangsstadien begünstigt, ist sein therapeutischer Einsatz bei der Geburt oder beim Sterben angezeigt. Der Herkimer-Diamant sollte nicht am Körper getragen oder sonstwie mit sich geführt werden (beispielsweise im Auto). Auf jeglichen Schmuck, der aus diesem Stein gefertigt ist, sollte verzichtet werden, es sei denn, man trägt ihn nachts im Bett.

Rauchquarz

Das Gegenstück zum Herkimer-Diamant ist der *Rauchquarz*. Er bringt uns wieder in die Realität zurück, wenn wir den Herkimer-Diamant mißbraucht haben. Beim Kauf dieses Steines ist unbedingt darauf zu achten, daß es kein künstlich gefärbtes Material ist, das im Gegensatz zum echten Rauchquarz im nachhinein radioaktiver Strahlung ausgesetzt wird und dadurch eine pechschwarze Färbung erhält. Die Wirkung ist nicht dieselbe. Der echte Rauchquarz hilft uns, wieder erdverbundener und realitätsbezogener zu werden. Menschen, die ständig große Pläne schmieden, aber mehr darüber reden, als sie in die Tat umzusetzen, die Unschlüssigen und die Träumer, die ständig irgendwelchen Idealen nachhängen, werden an der Verwendung dieses Steins interessiert sein. Es ist wichtig, daß wir bewußt durch unser physisches und spirituelles Leben gehen. Nicht umsonst sind wir mit einem physischen Körper ausgestattet worden. Er muß bewohnt und zum Ausdruck gebracht werden, insofern als er menschlich und in der Realität der Dinge verhaftet ist. Der Rauchquarz verhilft uns zu dieser Erdverbundenheit.

Peridot

Der *Peridot*, auch Chrysolith oder Olivin genannt, ist ein olivgrüner Stein mit den Spektralfarben Grün und Gelb. Somit gehört er zu den wenigen Steinen, die zwei Farben gleichzeitig aufweisen. Als Schmuckstein in einer Goldfassung stellt der Peridot einen starken Schutz gegen die Mächte des Bösen dar. Er wird bei Grippe, Prostatabeschwerden, Ängsten und Alpträumen eingesetzt. Als besonders wirksam erweist er sich bei Angstträumen. Dazu legt man dem Betroffenen ein Stück von diesem Stein ins Bett oder versteckt es in seiner Kleidung. Die mit Alpdrücken verbundenen Träume werden nachlassen oder auch ganz verschwinden.

Aquamarin

Wenn Gut und Böse miteinander kämpfen, zum Beispiel bei einem Exorzismus, kann der *Aquamarin* wertvolle Dienste leisten. Er dient der Wahrheitsfindung, fördert die Aussöhnung und verbessert auch ganz allgemein zwischenmenschliche Beziehungen.

Der Mensch ist wesentlich stärker als jeder Dämon, denn im Gegensatz zu ihm besitzt er einen menschlichen Körper. Deshalb setzen die bösen Geister, die körperlosen, niederen Wesen, auch alles daran, einen Menschen zu besitzen, um sich auf diese Weise ihren sehnlichen

Wunsch nach Inkarnation zu erfüllen. Anfangs sind wir meist auch stärker als sie, denn wir haben ja unseren Körper. Doch dann gelingt es ihnen, mit Hilfe der Angst von uns Besitz zu ergreifen. Die Angst nährt den Dämon und entzieht dem Besessenen die Lebenskräfte. Wir müssen diesen dämonischen Kräften also nur furchtlos gegenübertreten, dann können sie uns auch nicht beherrschen.

Es gibt zwei Urängste: die Angst zu fallen und die Angst vor einem jähen Geräusch. Alle anderen Ängste entspringen unserer Phantasie. Sie sind nicht nur überflüssig, sondern gefährlich und können uns in unserer Entwicklung hemmen, denn die Angst zieht genau das an, wovor wir uns fürchten. Wenn Sie Angst vor Dieben haben, dann kommen sie ganz sicher. Wenn Sie sich vor Feuer fürchten, werden Sie ihm bestimmt zum Opfer fallen. Wenn Sie den Teufel fürchten, wird er sich Ihrer bemächtigen. Sie können sich der Angst stellen, denn sie ist ziemlich feige. Wenn Sie vor ihr davonlaufen, folgt sie Ihnen wie ein Schatten, doch sobald Sie sich ihr stellen, ergreift sie die Flucht. Die Angst wird man nur los, indem man sich ihr stellt, ihr ins Auge blickt und begreift, woher sie kommt und warum sie da ist.

Einmal suchte mich ein Handelsreisender auf. Nach einem Autounfall auf einer Brücke sah er sich außerstande, über diese Brücke zu fahren. Immer, wenn er zum Überqueren ansetzte, war er vor Angst wie gelähmt und konnte nicht weiterfahren. Er mußte aussteigen und seinen Wagen abschleppen oder von seiner Frau zurückfahren lassen (aber sie mußte danach ein Taxi nehmen, um nach Hause zu kommen, was auf Dauer nicht sehr praktisch war). Ich riet dem Mann daher, die Brücke zu Fuß zu betreten und sich soweit vorzuwagen, wie es ihm möglich war, und dort stehenzubleiben. Anschließend sollte er sich an seinen Unfall erinnern und den aufsteigenden Gefühlen und Empfindungen freien Lauf lassen. Er ließ sich darauf ein und wiederholte das Experiment an sieben aufeinanderfolgenden Tagen. Heute fährt er wieder völlig angstfrei über die Brücke.

Ein andermal kam eine Frau zu mir, die eine quälende Angst vor Spinnen hatte. Beim bloßen Gedanken an Spinnen im Haus fühlte sie sich unwohl. Wenn sie dann eine entdeckte, geriet sie in Panik. Zur Behandlung ihrer Phobie steckte ich die Frau in ein völlig abgedunkeltes Zimmer. Dann ließ ich sie eine kleine Spinne in einer Ecke des Raums visualisieren. Bei der nächsten Sitzung sollte sie sich eine Spinne in jeder Ecke vorstellen. Am Ende der Behandlung konnte sie viele große Taranteln, schwarz und behaart, visualisieren, die überall an ihr hochkletterten. Heute hat sie nicht mehr die geringste Angst vor Spinnen. Sie kann sie sogar in die Hand nehmen. Sie sehen also, daß die Konfrontation mit der Angst durchaus ihre Wirkung hat und die Angst verscheucht.

Der Aquamarin zwingt, die Wahrheit zu sagen. Deshalb ist er bei der Austreibung von Dämonen so überaus erfolgreich. Wenn jemand, aus welchem Grund auch immer, einer Wesenheit Einlaß gewährt hat, und dieser Dämon nun sein Unwesen in ihm treibt und ihn daran hindert, er selbst zu sein, dann kann mit der Kraft der Wahrheit gearbeitet werden, um die Mächte der Finsternis auszutreiben. Für den Exorzisten ist es wichtig, den Namen dieser Wesenheit zu kennen. Dazu bedient er sich des Aquamarins. Er tritt dem Dämon gegenüber und zwingt ihn, seinen Namen preiszugeben. Dieser wird seinen Namen nennen, weil er die Wahrheit sagen oder für immer schweigen muß. Falls er nicht antwortet, wird der Exorzist folgendes zu ihm sagen: »Du, der du deinen Namen nicht verrätst, mach dich davon.« Diese Worte zwingen den Dämon, den Besessenen für immer zu verlassen, denn die Stimme und der Körper eines Furchtlosen sind mächtiger als irgendein böser Geist – und es bleibt ihm nichts anderes übrig, als zu gehorchen. Schon in der Bibel steht geschrieben, wie Jesus dem Versucher widerstand: »Hebe dich weg von mir, Satan!«

Oh Shinnah weiß eine andere höchst interessante Geschichte zu berichten: Nach dem Sieg über die Deutschen drangen die Alliierten in ein Konzentrationslager ein, wo sie viele Juden in Barracken eingesperrt vorfanden. Überraschenderweise waren die deutschen Bewacher genauso ausgemergelt, kränkelnd und schlecht gekleidet wie die meisten Juden des Lagers, mit Ausnahme der Bewohner einer Barracke. Die Juden, die hier lebten, waren nicht ganz so mager, machten einen gesünderen Eindruck und waren auch besser gekleidet als alle anderen. In dieser Barracke stand ein großer Holzkoffer, worin sich ein aus Ton und Stein geschaffenes monsterähnliches Wesen in Menschengestalt befand. Bei den nordamerikanischen Indianern heißt ein solches Geschöpf *Wendigo*; bei den Juden, die sich in der Kabbala auskennen, wird es *Golem* genannt. Durch ihre Angst gelang es den Juden besagter Barracke, dieses künstlich erschaffene Wesen zum Leben zu erwecken. Und da es aus Ton und Stein gefertigt war, konnte man es nicht wie einen gewöhnlichen Sterblichen töten. Mit Hilfe dieses lebendig gewordenen Monsters verschafften sie sich ein etwas angenehmeres Leben, denn jeder ließ sich von dem mächtigen Golem einschüchtern. Nur die Angst bietet den Dämonen eine Angriffsfläche. Die bösen Mächte sind derzeit so stark, weil unsere Gesellschaft mit der Angst als Erziehungsmittel arbeitet. Unser Erziehungssystem basiert auf dem Prinzip der Belohnung und der Bestrafung: Wenn du ein Verbrechen begehst, wirst du bestraft; wenn du deine Hausaufgaben nicht ordentlich machst, bekommst du schlechte Noten, und deine Eltern werden furchtbar böse . . . Von klein auf bringt man uns bei, auf Angst statt auf Liebe zu reagieren. Da brauchen wir uns nicht zu wundern, daß wir weltweit in eine so prekäre Lage hineingeraten sind. Die Menschen haben Angst, reagieren darauf und arbeiten damit. Sie haben Angst, der andere könnte ein größeres Gewehr besitzen, eine größere Bombe und damit ihre Gesundheit, ihren Wohlstand und ihre Wirtschaft bedrohen. Sie haben Angst, sie könnten nichts mehr zu essen und anzuziehen haben. Deshalb versuchen sie, materielle Güter anzuhäufen und alles an sich zu reißen. Das Ergebnis ist eine Konsumgesellschaft, die dazu noch die Entwicklungsländer ausbeutet. Eine Zivilisation, in der wenige viel und andere nichts haben, und das alles begünstigt durch die Angst.

Als Therapeuten müssen wir uns dieser Angst bewußt sein. Wir müssen ihr jederzeit entgegentreten können und dürfen nicht zulassen, daß sie sich bei uns einnistet.

Chrysokoll und Malachit

Einige Steine helfen, die im Bereich des Sonnengeflechts konzentrierte Angst aufzulösen. Es handelt sich hierbei um den *Chrysokoll* und den *Malachit*. Insbesondere der Malachit leistet gute Dienste bei der Vertreibung der Angst. Außerdem stärkt der smaragdgrüne Stein die Milz und die Bauchspeicheldrüse und fördert ein harmonisches Familienleben. Besser als die meisten anderen Steine überträgt der Malachit seine positiven Schwingungen durch direkten Hautkontakt. Das ist schon bei der leisesten Berührung festzustellen.

Türkis

Da Steine ebenso wie Menschen in der Entwicklung begriffen sind, gibt es auch einige Steine, die Verfallserscheinungen zeigen. Einer von ihnen ist der *Türkis*, der längst nicht mehr die Kraft früherer Zeiten hat. Seinen Platz nimmt heutzutage der Chrysokoll ein. Der Türkis symbolisiert die Spiritualität, den Himmel, den himmlischen Vater. Als spiritueller Stein stand er früher in hohem Ansehen, denn er ließ den Menschen teilhaben an der göttlichen und himmlischen Realität, die ihn inspirierte und Klarheit in sein Denken brachte. Heute kommt dem Chrysokoll mehr und mehr diese Bedeutung zu, und seine Entwicklung verläuft rasant. Noch vor einigen Jahren lag der Härtegrad des Chrysokolls bei drei, vier und in seltenen Fällen auch bei fünf. Das heißt, ihm fehlte die nötige Härte für die Verarbeitung zu Schmuck. Heute weist er ähnlich wie Quarz eine Härte von sechs oder sieben auf, ist also wesentlich härter und von einer satten blaugrünen Färbung. Der Türkis setzt sich übrigens nicht aus Kristallen zusammen, sondern wächst meist in Knollen, in traubenartigen, nierenförmigen Gebilden. Seine innere Struktur ist amorpher als die des Chrysokolls.

Ängste, die im Bereich des Sonnengeflechts festsitzen, können mit einem Chrysokoll vertrieben werden, da sein spirituelles Element ein Loslassen der Angst zugunsten der Liebe fördert. Die alten, aus Türkis gefertigten Schmucksteine haben dagegen nichts von ihrer Schutzwirkung verloren. Sie besitzen noch immer die spirituelle Schwingung des himmlischen Elements. Die schützende Wirkung des Türkis bleibt auch dann erhalten, wenn der Stein verschenkt wird.

Der Malachit und der Chrysokoll sind also bewährte Steine, um der Angst den Garaus zu machen oder um Angstreaktionen zu vermeiden. Wir sollten unter keinen Umständen so reagieren, daß wir der Angst eine größere Angriffsfläche bieten. Es reicht, wenn wir ihr ins Gesicht sehen, sobald sie kommt, und uns sagen: »Ich bin nicht die Angst, von mir aus soll sie weiterziehen; ich habe nichts mit ihr zu schaffen.« Wenn die Angst weiter anhält, müssen wir sie analysieren, indem wir versuchen herauszufinden, warum sie da ist. Wenn Sie zum Beispiel Angst vor Wasser haben, stellen Sie sich am besten an einen Bach oder einen See. Die Bilder, die dann vor Ihrem geistigen Auge auftauchen und das, was Sie dabei fühlen, helfen Ihnen zu begreifen, warum gerade diese Angst gegenwärtig ist. Und wenn Sie den Grund wissen, verfliegt auch die Angst.

Straß

Im folgenden möchte ich über einen Stein sprechen, der nach seinem (französischen) Erfinder *Straß* heißt, eigentlich aus Glas besteht und häufig in esoterischen Läden oder Mineraliengeschäften zu finden ist. Tatsächlich handelt es sich hierbei um geschliffenes Bleiglas. Straß wird viel als Anhänger, Ohrringe und dergleichen getragen, hat aber nichts mit einem Kristall gemein. Ursprünglich hieß diese Glasart *Wiener Straß*, weil sie erstmalig in Österreich hergestellt wurde. Es sind die geringen Bleibeimengungen im geschliffenen Glas, die das Glitzern hervorrufen. Man sollte sich also keinesfalls täuschen lassen. Straß fehlt die gesetzmäßige Anordnung seiner inneren Struktur, die einem Kristall zu eigen ist. Somit ist Straß auch nicht in der Lage, Energie zu leiten oder umzuwandeln. Des weiteren enthält er das Schwermetall Blei, das sich in unserem elektromagnetischen Feld festsetzt, wenn wir Schmuck aus geschliffenem Bleiglas tragen. Es gibt schon genug Schwermetalle in unserer Umgebung, da brauchen wir nicht noch mehr hinzuzufügen. Schmuck aus Straß ist am besten an einem Faden baumelnd an einem sonnigen Fenster aufgehoben, wo er ungestört in allen Regenbogenfarben schillern kann. Manche benutzen das glitzernde Material auch als Pendel.

Granat

Der *Granat* ist ein Stein von tiefroter Färbung. Wie alle Steine der roten Farbskala ist er ein Energieträger. Da seine Schwingungen sanfter sind als die des Rubins, wird zur Belebung des Organismus anfangs meist mit dem Granat gearbeitet und die Behandlung später mit dem stärkeren Rubin fortgesetzt. Der Granat wird bei Erkrankungen aller endokrinen Drüsen und bei Blutkrankheiten eingesetzt (bei letzteren in Form einer Tinktur). Mit diesem geheimnisumwobenen Stein wird oft in der Dämmerung gearbeitet, das heißt, beim Übergang vom Tag zur Nacht und von der Nacht zum Tag. Das ist die kurze Zeitspanne, wenn es morgens schon hell ist, obwohl die Sonne noch nicht aufgegangen ist, oder wenn nach Sonnenuntergang noch ein Rest Helligkeit bleibt. In dieser ganz besonderen Zeit steht angeblich der Spalt zwischen den Welten offen. Es gibt bestimmte Formen der Magie, die genau in diesem Augenblick praktiziert werden müssen. Der Granat wirkt dabei unterstützend. Er weist auch eine Besonderheit auf, die allen anderen Steinen fehlt: Ungeschliffen und unpoliert ist er matt und stumpf. Damit seine blutrote Farbe zum Vorschein kommt und er seine volle Heilwirkung entfaltet, muß der Stein geschliffen und poliert werden.

Rubin

Der Rubin bringt verbrauchte Energie sofort zurück. Auch er wird bei degenerativen Erkrankungen eingesetzt und kann dann seine aufbauende, wiederbelebende, stärkende und anregende Wirkung entfalten. Dieser tiefrote Korund (tamilisch *korund* = Rubin) ist ein Kristall von großer Kraft. Er ist imstande, die negativen Emotionen, die sich in den Blutgefäßen und Blutbahnen kristallisiert haben, aufzulösen. Der Rubin steht auch für die Liebe, die Jesus gelehrt hat, die bedingungslose Liebe eines Menschen, der sein Leben gibt für die, die er liebt, so wie es Jesus am Kreuz getan hat. Es ist bestimmt kein Zufall, daß der Papst einen Rubin trägt, denn dieser Stein ist das Symbol der Liebe und der Selbstlosigkeit, ja der Selbstaufopferung im Dienste der anderen. Bei Egoisten und Egozentrikern bewirkt der Rubin manchmal folgenschwere karmische Verstrickungen, da diese Menschen der Energie des Steines entgegenarbeiten. Wer einen Rubin tragen will, muß selbstlos und sehr großzügig sein.

Bei Verwendung von Rubin- oder Granattinktur muß anschließend mit einem grünen oder blauen Stein wieder für den Ausgleich gesorgt werden. Lassen Sie mich dieses Prinzip am Beispiel eines Kranken verdeutlichen, der an Anämie leidet: Für ihn würde sich anbieten, einen Monat lang eine Rubintinktur einzunehmen und in der darauffolgenden Woche Smaragd- oder Aquamarintinktur zu trinken, um die Kraft des Rubins abzuschwächen. Rubin- und Granattinkturen sind nämlich hochkonzentriert und werden leicht überdosiert. Hier ist also höchste Vorsicht geboten, damit die Grenzen der Belastbarkeit nicht überschritten werden. Denken Sie daran, daß die Schwingung der Tinktur die körpereigene Energie mobilisiert und ebenfalls in Schwingung versetzt. Und wer sie mißbraucht, der kann sich damit schaden.

Topas

Wenn hier vom *Topas* die Rede ist, dann ist der Goldtopas gemeint, obwohl es neben der goldgelben Varietät noch verschiedene andersfarbige Topase (blaue, braune, farblose, blaßgrüne . . .) gibt. Der goldene Topas ist ein Symbol des Sonnengottes, des Schützen und wirkt sich wohltuend auf die Augen, das Nervensystem und den Intellekt im allgemeinen aus. Da der Topas die Kreativität fördert, kommt er insbesondere den Künstlern und der Realisierung von Projekten zugute. Er wird auch der Stein der Tarnung genannt, denn jeder, der ihn linkshändig trägt, kann damit unbemerkt passieren.

Dazu eine kleine Anekdote. Unweit von *Wounded Knee* hatten mehrere Indianerstämme eine Widerstandsbewegung organisiert. Ziel dieser Bewegung war es, die Rechte der nordamerikanischen Indianer zurückzufordern. Wounded Knee hatte für sie Symbolcharakter, denn an diesem Ort hatten die Soldaten schon einmal Frauen, Kinder und Alte niedergemetzelt.

Armee und Bürgerwehr hatten das Gebiet, wo sich die Indianer versammelt hatten, bereits großräumig umstellt. Man bat daraufhin Oh Shinnah, Heiler zu Hilfe zu holen. Aber mittlerweile waren an allen Zufahrtswegen Straßensperren errichtet worden. Da reichte ein weiser alter Mann Oh Shinnah einen Topas. Mit dem Stein in der linken Hand sollte sie ihm ein Lied nachsingen und es auswendig lernen. Dann machten sich die beiden mit dem Auto auf den Weg zu den Heilern. Gegen Abend erreichten sie die Absperrung der Polizei. Sie schalteten die Scheinwerfer aus, und Oh Shinnah stimmte das Lied an, das sie von dem Alten gelernt hatte. Die Polizisten drehten sich nicht einmal nach ihnen um. Sie schienen sie überhaupt nicht zu bemerken, und Oh Shinnah konnte problemlos durchfahren. Die Rückfahrt verlief genauso.

Da fällt mir noch eine witzige Geschichte ein: Eine von Oh Shinnahs Schülerinnen wollte einmal die Fähigkeiten des Topas austesten. Mit einem Stein in ihrer linken Hand ging sie in ein sogenanntes Fast-Food-Restaurant und stellte sich hinten an. Niemand nahm von ihr Notiz. Die Bedienung wandte sich nur den Leuten neben, vor und hinter ihr zu und schenkte dem Mädchen keinerlei Beachtung. Erst nachdem die Schülerin den Topas in ein rotes Tuch eingewickelt hatte, wurde die Bedienung auf sie aufmerksam. Wenn Sie also unbemerkt bleiben möchten, dann probieren Sie einfach mal diesen Stein aus.

Der Topas zeichnet sich noch durch eine andere interessante Besonderheit aus: Wer ihn seiner Geliebten als Schmuckstein schenkt, und der Stein ändert daraufhin seine Farbe, so ist dies ein Zeichen für ihre Untreue.

Saphir

Wir kommen nun zum *Saphir*. Trotz der verschiedenen Varietäten interessiert uns hier nur der indigoblaue Saphir, der manchmal fast blauschwarz ist. Dieser Stein führt uns in die Tiefen unseres Bewußtseins. Er hilft bei Schlaflosigkeit und lehrt uns tiefe Ergebenheit. Gebete begünstigt er ebenfalls. Aus diesem Grund machten Orakel und Zauberer früher regen Gebrauch von diesem Stein, denn er steigerte ihre Wahrnehmungsfähigkeit ungemein und ließ sie auf die Fragen der Ratsuchenden besser antworten. Eine Saphirtinktur wird bei Sehschwäche und anderen Sehstörungen verabreicht. Für den äußerlichen Gebrauch der Tinktur als Augentropfen sind alle verwendeten Behältnisse sorgfältig zu sterilisieren. Außerdem darf die Tinktur nur mit destilliertem Wasser hergestellt werden. Die lichtvollen Schwingungen des Saphirs wirken sich auch sehr wohltuend auf Ohren, Nase, Hals und Lunge aus.

Azurit

Dem *Azurit* wird eine gute Heilwirkung bei Sehnenentzündungen nachgesagt. Dazu legt man den Stein in das elektromagnetische Feld des Vitalitäts- oder Ätherkörpers neben die erkrankte Stelle und zeichnet mit ihm einige Minuten lang den Verlauf des Knochens nach. Anfangs wiederholt man diese Übung jede halbe Stunde, später im Abstand von einer Stunde und zuletzt nur noch zwei- oder dreimal am Tag, bis eine spürbare Besserung eintritt und die Sehnenentzündung schließlich ganz abgeheilt ist. Die Behandlung kann so oft wie nötig wiederholt werden. Meistens zeigt sie jedoch rasche Wirkung.

Bei Schmerzen im Rückenbereich, bei Muskel- und Sehnenzerrungen kommt der Azurit in gleicher Weise zum Einsatz. In den meisten Fällen ist eine deutliche Schmerzlinderung und ein Abklingen der Entzündung festzustellen, so daß eine Heilung der betroffenen Körperregion beschleunigt wird. Für die Herstellung einer Tinktur ist der Azurit nicht geeignet, denn in Verbindung mit Wasser setzt der Stein Sulfid frei.

Rote Koralle

Die *rote Koralle* ist kein Kristall, sondern ein organisches Meeresprodukt aus kohlensaurem Kalk. Für die nordamerikanischen Indianer verkörpert die Koralle Lebenskraft. Sie wird zur Umstrukturierung und zum Wachstum der Knochenzellen eingesetzt. Dazu legt man die Koralle ins elektromagnetische Feld neben die erkrankte Stelle, ähnlich wie beim Azurit. Nicht selten werden Koralle und Azurit auch kombiniert. Man beginnt zunächst mit der Koralle am Knochen entlangzufahren, damit sich die Knochenzellen umstrukturieren. Dann greift man zum Azurit, um die Schmerzen zu lindern. Eine Heilung erfolgt dann meist sehr rasch. Nach einem Knochenbruch fördert die Koralle die Kallusbildung und beschleunigt somit die Heilung. Dazu ein Beispiel: Meine fünfundsiebzigjährige Tante hatte sich den Fuß gebrochen. In diesem Alter geht eine Heilung zwangsläufig langsamer vonstatten. Ich riet ihr daher zu einer Behandlung mit dem Azurit und der roten Koralle. Als sie den Arzt drei Wochen nach ihrem Unfall wiedersah, stellte dieser zu seiner großen Überraschung fest, daß der Knochen wieder völlig zusammengewachsen war. Die rote Koralle leistet auch bei Knochenkrebs gute Dienste.

Rosenquarz

Der *Rosenquarz* ist dem Herzchakra oder Herzzentrum zugeordnet. Deshalb wird er bei Herzleiden eingesetzt, seien sie physischer oder seelischer Natur, bei Herzinfarkt oder Liebeskummer. Dieser Stein besänftigt und entspannt seinen Benutzer und stimmt ihn milde. Er erweist sich als überaus hilfreich bei hyperaktiven Kindern und Babys, die viel schreien. Wenn man ihnen ein Stück von diesem Stein gibt, groß genug, daß sie es nicht verschlucken können, werden sie sich schnell beruhigen.

Der Rosenquarz ist ein kryptokristalliner Stein und wird deshalb fast nur in geschliffener Form angeboten. Er ist auch als Rohstein erhältlich, aber dann sind seine Kristalle nur unter dem Mikroskop erkennbar.

Mondstein

Der *Mondstein* wird besonders von Frauen geschätzt. Er wirkt harmonisierend auf den Menstruationszyklus, sorgt für ein hormonelles Gleichgewicht und lindert Menstruationsschmerzen. Auch fördert er die Fruchtbarkeit. Der Mondstein verkörpert die Große Göttin und bringt uns in Kontakt mit der Energie des Mondes. Dieses Himmelsgestirn regelt nicht nur die Zyklen der Fruchtbarkeit, sondern auch die Zyklen des Mineral- und Pflanzenreiches und die der Tier- und Menschenwelt. Ein Mondzyklus dauert achtundzwanzig Tage und damit genauso lange wie der Zyklus der Frau.

Frauen, die unter dem prämenstruellen Syndrom und unter Menstruationsbeschwerden leiden, sollten drei oder vier Tage vor Beginn ihrer Regel Mondsteintinktur einnehmen. Der Mondstein kann jedem, ob Mann oder Frau, dabei helfen, mit der weiblichen Energie in Berührung zu kommen. Besonders günstig wirkt sich dieser Stein zum Beispiel auf Machos und Frauenfeinde aus.

Nach dem Verständnis der indianischen Tradition birgt der weibliche Zyklus eine große Weisheit. Zunächst einmal wurde jede Frau höher angesehen als alle Männer zusammen, denn ihr monatlicher Zyklus, fest verankert in ihrem genetischen Code, machte sie zur Frau und kam damit einer Initiation gleich. Das wiederum brachte sie in Einklang mit den befruchtenden und nährenden Kräften der Großen Göttin, die alles Leben im Universum hervorbringt. Wenn eine Frau *ihre Tage hat* (also menstruiert), fließt diese Kraft aus ihr heraus und macht sie noch stärker. Nach indianischer Auffassung handelt es sich um die beste *Medizin*, die es gibt. Wenn diese Energie respektiert wird, kehrt sie zu ihrem Ursprung zurück. Früher begab sich eine Frau in die Menstruationshütte, wenn sie ihre Tage hatte. Sie arbeitete nicht, bereitete keine Mahlzeiten zu, mischte sich nicht unter das Volk, sondern zog sich an einen Ort zurück, den alle Frauen während dieser Zeit aufsuchten, um dort zu meditieren, zu beten und bestimmte rituelle Handlungen auszuführen. Dort wurde sie dann auch von weisen alten Frauen und einigen Männern, den sogenannten *Träumern der Elche*, aufgesucht und unterrichtet. Der *Träumer der Elche* hatte als einziger Mann Zutritt, weil seine weibliche Seite bereits stark entwickelt war. Die Frauen lernten während dieser Zeit, ihre Weiblichkeit zu akzeptieren und auszuleben, was ihrer Entfaltung als Frau zugute kam. Für die Indianer beruhte die weibliche Überlegenheit auf der Tatsache, daß dem Manne dieser spezielle Zyklus, das heißt, diese monatliche Initiation fehlte. Auch wurde zu Ehren des Mädchens ein Fest gegeben, wenn es seine erste Regelblutung hatte. Die Gemeinschaft sah darin die Verheißung eines neuen Lebens. Manchmal dauerten die Feierlichkeiten drei Tage und drei Nächte. Bei den Apachen mußte das junge Mädchen dabei vierundzwanzig Stunden mit ausgebreiteten Armen dastehen. Das schaffte sie nur durch den Verzehr spezieller Pflanzen. Die Menschen kamen zuweilen von weit her, nur um sie zu berühren, denn sie verkörperte die Große Göttin in ihrer ganzen Reinheit. Es war dies ein ritueller Eintritt in ein neues und entscheidendes Lebensstadium. Den männlichen Jugendlichen dagegen fehlte diese natürliche Initiation. Sie mußten selbst etwas erfinden, durch das sie in den Kreis der Männer eingeführt wurden. Für einen Mann bot es sich zum Beispiel an, allein einen Berg zu besteigen. Dort verbrachte er dann drei oder vier oder gar neun Tage und Nächte, ohne zu essen, zu trinken und zu schlafen. Auf diese Weise war er in Einklang mit der geistigen Welt, wo es weder Nahrung, Wasser noch Schlaf bedarf. Der Große Geist lehrte ihn die Aufgabe, die er auf Erden zu erfüllen hatte, und seine Einflußnahme als Mensch. In der Einsamkeit und der Dunkelheit der Nacht mußte er sich seinen Dämonen im Inneren stellen und entwickelte auf diese Weise Mut, Beherrschung und Charakterstärke. Kurzum, er reifte zum Manne. Bei den nordamerikanischen Indianern war die Visionssuche ein wesentlicher Bestandteil ihres Lebens, trug sie doch erheblich dazu bei, diese Reife zu erlangen. Heute jedoch sind diese Riten gänzlich in Vergessenheit geraten oder abgewandelt worden. Aus diesem Grund beklagen sich Frauen auch häufig über die Unreife ihres Mannes. In der Tat benehmen sich viele Männer wie Kinder. Ihnen fehlt die Reife, die Frauen auf ganz natürliche Weise erlangen.

In gleicher Weise muß man die Sexualität als etwas ganz Natürliches sehen. Die Sexualität gehört zu den schönen Dingen im Leben und sollte natürlich ausgelebt werden. Sexualität ist allgegenwärtig: in den Atomen und Steinen, bei den Pflanzen und Tieren. Sie ist ein wesentlicher Bestandteil unseres Lebens. Die Moralbegriffe unserer Gesellschaft, die daraus etwas Verschämtes, Schlechtes oder gar Böses machen, sind schuld an den Problemen, die wir heute mit der Sexualität haben. Geschlechtskrankheiten, sexuelle Verirrungen, Gewalt, Vergewaltigung, sexueller Mißbrauch, Aids und andere Übel beruhen großenteils auf der falschen Vorstellung, daß Sexualität etwas Schlechtes ist, wenn sie nicht in der Ehe oder in einem bestimmten kulturellen Rahmen ausgelebt wird. Dabei gibt es nichts Natürlicheres und Normaleres als die Sexualität.

Wenn eine Frau ihre Tage hat, ist sie stärker als die anderen Frauen und Männer. Sie kann in dieser Zeit anderen Menschen die Energie abzapfen, ohne daß sie sich dessen bewußt ist. Dank ihrer Stärke ist sie imstande, die Lebenskraft des anderen auf sich zu lenken. Das erklärt auch, warum sich die menstruierenden

Frauen früher von der übrigen Gemeinschaft zurückzogen: Sie wollten die anderen nicht schädigen. Ich zum Beispiel schlafe grundsätzlich nicht mit meiner Frau, wenn sie ihre Regel hat, weil ich sonst völlig erschöpft am nächsten Morgen aufwachen würde.

Frauen sollten während ihrer Regel möglichst keine Heilbehandlungen durchführen. Anderenfalls würden sie dem Hilfesuchenden, ohne es zu wollen, die Energie aus dem Körper ziehen. Sollten Sie trotzdem einmal in die Verlegenheit kommen, legen Sie für die Dauer der Behandlung ein Stück Mondstein in ihren Bauchnabel. Sobald Sie mit der Kristallbehandlung fertig sind, müssen Sie den Mondstein unverzüglich entfernen. Zuweilen ist dabei ein leises Pfeifen zu hören; ein Zeichen, daß die Energie wieder zu fließen beginnt, denn dieser Stein hat die Eigenschaft, Energie zurückzuhalten, und verhindert gleichzeitig, daß während des Heilvorgangs Fremdenergie aufgenommen wird.

In jungen Jahren ging Oh Shinnah nicht arbeiten, wenn sie menstruierte. Sie machte das zum Kriterium für eine Beschäftigung. Wurde diese Bedingung vom Arbeitgeber nicht akzeptiert, wechselte sie die Stelle. Auf diese Weise zeigte und forderte sie Respekt für die weibliche Kraft, die sich in ihr manifestierte.

In den westlichen Gesellschaften wurde die Frau lange Zeit als minderwertig angesehen, und sie wird es noch heute. Bei den Naturvölkern sind Mann und Frau gleichgestellt. Die Männer in einer solchen Gesellschaft lernen den gegenseitigen Respekt und entwickeln mit der Zeit sogenannte *weibliche* Eigenschaften wie die Bereitschaft zuzuhören, Toleranz und Aufgeschlossenheit. In der Sanftheit liegt eine große Kraft. Auch ein Mann darf weinen. Das ist weder eine Schande noch eine Schwäche. Manchmal gehört sogar viel Mut dazu, seine Gefühle vor anderen zu zeigen. Wer niemals weint, der staut Energien an, die ihn auf Dauer gewalttätig und gefühllos gegenüber seinen Mitmenschen werden lassen. Wie recht ich damit habe, zeigt ein Blick auf die familiäre Gewalt in unserer Gesellschaft, in der ein Mann dazu erzogen wird, nicht zu weinen. Als Hilfe für einen Macho oder einen starrköpfigen Menschen bietet sich der Mondstein an. Dieser Stein fördert Offenheit und Verständnis. Er könnte auch die Renaissance der Übergangsriten für die Männer einleiten, damit diese zur wahren Reife gelangen und sich nicht länger von den Frauen und ihren Gefühlsäußerungen bedroht fühlen.

Smaragd

Wie alle grünen Steine wirkt auch der *Smaragd* ausgleichend. Er stärkt das Herz und den Blutkreislauf und fördert die Harmonie und die Kommunikation mit den Devas (himmlischen Wesen, die zum Teil einer höheren geistigen Welt oder aber der Astralebene angehören). Seine harmonisierende Wirkung zeigt er besonders im Anschluß an eine Heilbehandlung mit einem Rubin oder einem Granat. Der Smaragd inspiriert und erfüllt uns mit Gleichmut. Er stärkt auch schwache Nerven und reguliert den Blutzuckerspiegel.

Karneol

Der *Karneol* ist eine Achatform und schwingt in der Farbe Orange. Er hilft vor allem dann, wenn Probleme mit der Verständigung, des Ausdrucks und des Vortrags auftauchen. Auch ist er imstande, Blockaden im Halschakra aufzulösen und leichte Lungenentzündungen zu heilen. Im Gegensatz zu anderen Steinen, die etwas abseits von der betroffenen Stelle aufgelegt werden können, muß der Karneol genau in dem zu behandelnden Bereich plaziert werden, so zum Beispiel in der Halsgegend, wenn Ausdrucks- oder Verständigungsschwierigkeiten auftreten. Der Karneol lädt außerdem den Ätherkörper auf. Die Schwingungen dieses Steins wirken einem Energiemangel oder einer Unausgewogenheit des Ätherkörpers entgegen.

Achat

Achate sind Chalzedone mit schichtigem Aufbau, und diese einzelnen Schichten symbolisieren die Integration der verschiedenen Facetten des Seins. In der meditativen Versenkung werden wir unserer ganzen Existenz gewahr. Die Meditation zielt ja darauf ab, die verschiedenen Aspekte unserer Existenz dergestalt zu integrieren, daß wir durch das Viele das Eine erfahren, das heißt, zu einer allumfassenden, ganzheitlichen Einheit gelangen. Der Achat fördert diese Bewußtseinserweiterung enorm. Auch als Schutzstein für die Reise leistet der Achat wertvolle Dienste. Fern der Heimat kann es passieren, daß wir uns etwas verloren fühlen. Der Achat fördert unsere Integration auf allen unseren Wegen. Deshalb hängt an meinem Innenspiegel im Wagen immer ein Achat. Erwähnenswert ist noch die Tatsache, daß dieser Stein viel Quarz enthält.

Jade

Die *Jade*, Symbol für Klarheit und Besinnung, ist ein sehr harter Stein. Sie wird im allgemeinen der östlichen Spiritualität zugeordnet. Schwarze Jade bündelt negative Energien und dämmt sie ein, somit hat sie eine schützende Funktion. Der echte Jadestein oder Jadeit kommt in vielen Farben vor: in allen Grüntönen von Blaßgrün über Olivgrün bis zu Dunkelgrün. Manchmal ist er durchscheinend wie ein Opal, dann wieder hellbraun, milchigweiß, gelb oder malvenfarbig. Neuerdings werden auch grüne bis graugrüne Nephrite als Jade angeboten, die aber nicht dieselben Eigenschaften wie echte Jade besitzen. Der Verkaufspreis dieses Steins ist ein gutes Unterscheidungsmerkmal, denn der Jadeit ist im Verhältnis zum Nephrit erheblich teurer. Die Jade in ihrer Unvergänglichkeit ist ein hilfreicher Sterbebegleiter. Bei Patienten, die mit schmerzlindernden Mitteln behandelt werden, sollte der Therapeut einen Jadeit tragen.

Diamant

Der nächste Edelstein, dem wir uns zuwenden, ist der *Diamant*. Von allen Steinen hat der meist würfelförmige Diamant die höchste Vollkommenheit erreicht. Er ist auf dem Gipfel seiner Entwicklung angelangt. Der Diamant symbolisiert die ungeteilte Einheit, den Schöpfer, der alles hervorbringt, den Willen und die Treue. Er wirkt als enormer Verstärker. Im Gegensatz zu anderen Steinen, die sich aus mindestens zwei Elementen zusammensetzen, besteht der Diamant aus reinem Kohlenstoff. Er ist auch härter als alle übrigen Steine. Auf der Mohsschen Härteskala (siehe Anhang III) besitzt der Diamant den höchsten Härtegrad von 10. Seine würfelige Form läßt einen sehr ausgewogenen physikalischen Aufbau erkennen. Es gibt farblose Diamanten, die alle Farben reflektieren, und auch Diamanten in allen Farben. In seiner Eigenschaft als kraftvoller Verstärker potenziert dieser Edelstein alles, ohne einen Unterschied zu machen. Beim Tragen dieses Steins ist daher Vorsicht geboten. Wenn es Ihnen gesundheitlich gutgeht, steigert er Ihr Wohlbefinden, und wenn Sie krank sind, verschlimmert er Ihre Krankheit. Störende Gedanken oder Empfindungen werden durch den Diamanten nur noch lästiger, und das Schicksal schlägt dann noch härter und schneller zu. Diese unangenehmen und überflüssigen Erfahrungen müssen nicht sein. Die meisten Frauen tun instinktiv das

Richtige, wenn sie ihren Diamantschmuck nur gelegentlich anlegen. Sie halten die Verbindung zum Stein aufrecht, tragen ihn aber nur zu besonderen Anlässen. Wahrlich ein kluges Verhalten, denn zu festlichen Anlässen sind wir meist zufriedener und glücklicher, und diese Glücksgefühle werden dann durch den Diamanten verstärkt. Im Alltag dagegen durchleben wir eine ganze Palette von Gefühlsregungen, die mal mehr und mal weniger schön sind und dementsprechend vom Diamanten verstärkt würden. Unter diesen Umständen sollte man besser auf einen Diamanten verzichten.

Perle

Die *Perle* ist der weibliche Stein par excellence. Es gibt kaum Männer, die Perlen tragen. Die Perle korrespondiert mit der Kraft des Mondes und des Wassers und stellt einen wirksamen Schutz gegen die sexuellen Perversionen mancher Männer dar. Die Perlen ziehen diese negativen Energien an und verhindern, daß sie sich im feinstofflichen Körper der Frau festsetzen.

Perlen wollen im Gegensatz zu anderen Steinen bei der Reinigung bewegt werden. Dazu taucht man eine Hand ins Salzwasser, läßt die Perlenkette zwischen den Fingern hindurchgleiten und fängt sie mit der anderen Hand wieder auf. Perlen aus Seeperlmuscheln kommen ohne das einwöchige Reinigungsbad aus, da sie aus dem Meer stammen.

Obsidian

Der *Obsidian* ist gewöhnlich pechschwarz und im Bruch stark glänzend, was diesem Stein eine glasähnliche Struktur verleiht. Der Obsidian ist denn auch ein vulkanisches Gesteinsglas, das durch rasche Erstarrung einer vulkanischen Schmelze entstanden ist. Er ist ein stark verdichteter Stein, der keine Zeit hatte, eine Kristallstruktur auszubilden. Somit ist der Obsidian auch kein Kristall. Aufgrund seiner klaren Strahlung wurde der Obsidian früher gern als Weissagespiegel verwendet, um daraus die Zukunft vorauszusagen oder hellzusehen. Die Ruhe und Leere, die dieser Stein ausstrahlt, begünstigen nämlich die medialen Fähigkeiten.

Heliotrop

Der *Heliotrop* ist ein dunkelgrüner jaspisartiger Quarz mit roten Pünktchen, die an Blut erinnern – daher auch seine Bezeichnung Blutjaspis. Er wird dazu verwendet, Blutungen zu stillen und den Körper zu entgiften oder von Schmerzen zu befreien. Dazu genügt es, den Stein direkt auf die betroffene Stelle zu legen. Auch bei Erkrankungen der Leber leistet der Heliotrop manchmal gute Dienste.

Kristallkugeln

Die Arbeit mit *Kristallkugeln* ist erfahrenen Kristallheilern vorbehalten und würde den Rahmen dieses Buches bei weitem sprengen. Allen interessierten Lesern, die sich näher mit diesen Kugeln beschäftigen wollen, möchte ich dennoch ein paar nützliche Tips mit auf den Weg geben. Es ist sehr angenehm, eine Kristallkugel im Schlafzimmer zu haben. Vor dem therapeutischen Einsatz einer Kugel sollte man mindestens sechs Monate bis zu einem Jahr mit ihr *zusammenleben*, einfach für sie da sein, sie wie eine liebe Freundin behandeln, sie mit ins Bett nehmen und von Zeit zu Zeit unter fließendem Wasser aufladen. Das ist die beste Voraussetzung für die Arbeit mit einer Kristallkugel. Stundenlanges Fixieren der Kugel sollte unterbleiben; es schadet nur den Augen. Kristallkugeln reizen nämlich unmittelbar den Sehnerv.

In diesem Kapitel finden Sie die Steine und Kristalle beschrieben, mit denen wir am häufigsten therapeutisch arbeiten. Weitere Einzelheiten über die obengenannten Steine sowie zahlreiche andere Steine entnehmen Sie bitte Anhang I: Die Steine in alphabetischer Reihenfolge.

Kapitel 3

Die verschiedenen Verwendungsmöglichkeiten der Steine

Ich möchte zu Beginn eines klarstellen: Kristalle und Edelsteine allein können keine Heilung bewirken. Der Heilungsprozeß wird vielmehr durch unsere konzentrierte Bewußtseinsenergie ausgelöst. Jeder, der zur Selbstheilung mit einem oder mehreren Kristallen oder Edelsteinen arbeitet, sollte sich dieser Tatsache bewußt sein und sich ernsthaft bemühen, bewußt zu atmen und sich dabei die spezielle Wirkung, die er von einem Stein erwartet, bildhaft vorzustellen. Wenn wir uns täglich ein paar Minuten Zeit nehmen, um die Gedankenformen durch bewußtes Atmen und Visualisieren in Fluß zu bringen, wird die Heilbehandlung mit dem Stein bald positive Effekte, ja zuweilen auch spektakuläre Erfolge zeigen. Die Energie folgt dem Gedanken; der Gedanke formt die Materie, und einmal ausgesandt, setzt er sich weiter fort, vor allem, wenn er durch tägliches Visualisieren verstärkt wird. Sobald diese Bewußtseinsenergie auf die farbeigene Schwingungsfrequenz des verwendeten Kristalls gelenkt wird, kann der Kristall sie verstärken und ununterbrochen aussenden. Nach dieser kurzen Erklärung wollen wir uns den verschiedenen Verwendungsmöglichkeiten der Kristalle und Edelsteine zuwenden.

Die einfachste Art und Weise, von den spezifischen Schwingungen der Edelsteine zu profitieren, ist den Stein zu tragen, zum Beispiel in der Hosentasche. Er darf allerdings nicht mit Geld in Berührung kommen, weil dieses von vielen Menschen angefaßt wird. Gut aufgehoben ist der Stein auch in einem kleinen Beutel, den man an der Kleidung befestigt oder einfach in die Tasche steckt. Der

Kristall oder Stein kann natürlich auch als Schmuck getragen werden. Zumal die in der Regel mitverarbeiteten Materialien Gold und Silber Edelmetalle sind, die Energien gut leiten, wobei Gold die Sonnenenergie und Silber die Mondenergie leitet.

Die Steintinkturen sind für die innerliche Anwendung bestimmt. Als Trägersubstanz dient Wasser, das die im Stein enthaltenen Informationen (Energie, Schwingung und Frequenz) aufnimmt. Der Stein muß allerdings farbig sein, damit eine bestimmte Schwingung von ihm ausgeht. Es ist zum Beispiel nicht möglich, eine Bergkristalltinktur herzustellen, da dieser Quarzkristall keine eigene Schwingungsfrequenz aufweist, sondern für alle möglichen Schwingungen empfänglich ist. Sobald das Wasser die von einem Kristall ausgesandten Schwingungen empfangen hat, wird etwas Alkohol hinzugefügt, um die Schwingungsfrequenz im Wasser zu fixieren und die daraus resultierende Ladung beizubehalten. Ein solche Tinktur ist dann unbegrenzt haltbar. Das Verfahren ähnelt in gewisser Weise der Herstellung von homöopathischen Mitteln oder Bach-Blüten-Essenzen. Die Zubereitung einer solchen Tinktur dauert eine Woche und ist an ein bestimmtes Ritual gebunden, das an sieben aufeinanderfolgenden Tagen vollzogen wird. Dosiert wird eine Tinktur wie folgt: vier bis acht Tropfen unter die Zunge, zwei- bis viermal täglich oder nach Bedarf. Sie wirkt innerhalb von zwanzig Minuten. Während dieser Zeit darf keine andere Tinktur eingenommen werden, das gleiche gilt für Nahrungsmittel und Medikamente. Da die Behandlung innerlich erfolgt, tritt die Wirkung wesentlich schneller ein. Die spezifische Schwingung des verwendeten Steins oder Kristalls erreicht über die Mundschleimhaut unter der Zunge den ganzen Körper.

Wegen der schnellen und wohltuenden Wirkung bei gesundheitlichen Beschwerden bietet sich in vielen Fällen die Einnahme von Tinkturen an. Es können aber auch Essenzen aus Kristallen und Edelsteinen verabreicht werden. Ihre Zubereitung dauert nur einen Tag, ihre energetische Ladung ist aber im Gegensatz zu den Tinkturen nicht von Dauer. Die Essenz kann nicht länger als einen Monat aufbewahrt werden, weil sie dann ihre Wirkung verliert. Essenzen sind nicht so stark verdichtet wie Tinkturen, aber trotzdem genauso wirksam. Man kann ohne weiteres eine halbe oder auch eine ganze Tasse davon auf einmal trinken. Die Zubereitung der Essenzen wird in Kapitel 7 ausführlich beschrieben. Die Tinkturen können bei *Pédagogies Alternatives* oder direkt bei Oh Shinnah bestellt werden. Siehe dazu im Anhang VI: Die heilenden Elixiere von Oh Shinnah.

Es ist auch möglich, die Eigenschaften eines bestimmten Steins zu visualisieren oder die Eigenschaften, Schwingungen und Farben dieses Steins auf Dritte einwirken zu lassen. Man kann diese Vorstellungskräfte für sich selbst oder für andere nutzen. Dazu fällt mir eine kleine Anekdote ein: Der Aquamarin hat die Eigenschaft, zwischenmenschliche Beziehungen harmonisch zu gestalten. Eines Tages erhielt ich Besuch von einem Journalisten, der mit mir einen Artikel für eine Zeitschrift ausarbeiten wollte. Unsere Zusammenarbeit klappte prima; wir verstanden uns auf Anhieb. Nach einiger Zeit rief ich ihn an, um zu hören, was aus dem Artikel geworden war. Er erzählte mir, daß die Chefredakteurin seinen Artikel derart umgemodelt hatte, daß er seine Zustimmung zur Veröffentlichung nicht geben könnte. Die vielen Änderungen waren für ihn nicht akzeptabel. Ein erneutes Treffen mit der besagten Frau stand kurz bevor, und es schien sich ein persönlicher Konflikt zwischen den beiden anzubahnen. Ich begann also zu meditieren und stellte mir bei der bevorstehenden Begegnung einen Aquamarin vor, der ihre Köpfe im lichten Blau des Himmels erstrahlen ließ. Die Begegnung verlief positiv. Die beiden verstanden sich großartig, und der Artikel wurde in seiner Originalfassung abgedruckt. Das zeigte mir wieder einmal, wie gut sich die Kraft der Steine zur Visualisierung nutzen läßt. Vermutlich ist es sogar die einfachste Methode und mit Sicherheit auch eine der effektivsten, wenn man den eingangs erwähnten Grundsatz der Meditation beherzigt.

Kristalle und Edelsteine müssen in der Regel nicht an einer genau bezeichneten Stelle des Körpers getragen werden, ausgenommen ein als Schutzstein dienender Quarz. Dieser Schutzstein sollte stets über dem spirituellen Plexus getragen werden (so wie auch der Karneol für spezielle Heilbehandlungen am Hals getragen werden muß). Unser Vitalitäts- oder Ätherkörper, das erste elektromagnetische Feld, das unseren Körper umgibt, transformiert nämlich die Energie und leitet sie an die entsprechende Stelle weiter. Wenn Sie zum Beispiel Probleme mit der Bauchspeicheldrüse haben und tragen dann einen Peridot am Finger, kümmert sich der Vitalitätskörper mit seinen ätherischen Chakras selbst um den Weitertransport der Steinenergie und führt sie der erkrankten Bauchspeicheldrüse zu.

Es können auch verschiedene Steine zusammen verwendet werden. Normalerweise kombiniert man einen klaren, durchscheinenden, also farblosen Kristall mit einem farbigen Kristall. Zwei verschiedenfarbige Kristalle sollten nicht gemeinsam zum Einsatz kommen. Wenn es um Schmuck geht, sollte möglichst nur eine Art von Kristallen oder Edelsteinen getragen werden. Nur so kann man auch von der Wirkung eines speziellen Steines profitieren. Das gleichzeitige Tragen von verschiedenen Steinen ist dennoch möglich, wenn die Steine nicht in demselben Schmuckstück verarbeitet sind und einander nicht berühren. Wir wissen, daß Metall Energie leitet, und wenn mehrere Steine zu einem Schmuckstück verarbeitet sind, werden ihre Schwingungen neutralisiert; es sei denn, es handelt sich um einen farblosen Kristall und einen farbigen Stein; dann dient der durchscheinende Kristall dem farbigen Stein als Verstärker.

Kapitel 4

Praktische Übungen

Die folgenden Übungen sind leicht durchzuführen und hilfreich bei der Arbeit mit Edelsteinen und Kristallen. Zunächst müssen Sie lernen, mit Ihren Händen zu arbeiten. Der Kristall ist ein sehr machtvolles Instrument, das bei unsachgemäßer Handhabung und wenn wir selbst unausgeglichen sind oder nicht erkennen, was der zu Behandelnde körperlich und seelisch verkraften kann, fehlerhaft arbeitet. Mit den Händen kann uns das nicht passieren. Hände sind natürliche Heilungswerkzeuge und anpassungsfähig. Der Klient nimmt über sie nur das auf, was er von uns wünscht, und wir können auch nicht unbewußt eine negative Energie auf ihn übertragen. Vor dem therapeutischen Einsatz der Edelsteine und Kristalle müssen wir lernen, mit den Händen zu heilen. In den Handinnenflächen befindet sich ein Nebenchakra, das Schwingungen sowohl ausstrahlt als auch empfängt. Manche bezeichnen es als das *Auge* der Hand, weil es lesen und sehen kann. Wenn wir uns das Knie an der Tischkante stoßen, legen wir meist automatisch die Hand auf die schmerzende Stelle. Der Körper weiß nämlich instinktiv, daß von der Hand eine heilende Energie ausgeht. Begegnen wir einem uns nahestehenden Menschen, der leidet oder traurig ist, ist die erste Reaktion meist die, daß wir ihm tröstend die Hand auf die Schulter legen.

In erster Linie geht es also darum, unsere eigene Lebenskraft zu stärken. Wenn das erreicht ist, können wir diese Energie auch besser an den Klienten weiterleiten. Vergleichbar ist dieses Phänomen mit einem Leitungsdraht. Ein sehr dünner Draht kann nur eine niedrige

Spannung aufnehmen, während ein dickerer Draht für eine höhere Spannung ausgelegt ist. Bei mangelnder Lebenskraft oder bei verengten oder gar verstopften Kanälen oder Energieleitbahnen können Sie dem Hilfesuchenden nur eine niedrige Spannung zukommen lassen. Wenn Sie dagegen von Lebenskraft strotzen und Ihre Energiebahnen weit geöffnet sind, dann können Sie eine hohe Spannung übertragen, dem Erkrankten mehr Heilenergie schicken und somit bessere Heilerfolge erzielen. Zur Steigerung unserer Lebenskraft und zur Öffnung der Kanäle müssen wir bei der Nahrung ansetzen, denn energiereiche Nahrungsmittel haben auf die Dauer eine vitalisierende Wirkung. Es gibt eine einfache Methode, wie Sie mit Hilfe Ihrer Hände die Nahrung energetisch aufladen können: Falten Sie die Hände auf der Brust und drücken Sie die Arme dann nach hinten weg, immer abwechselnd. Achten Sie dabei auf Ihre Empfindungen. Nach einiger Zeit werden Sie an einer bestimmten Stelle das Gefühl haben, eine Energiekugel in den Händen zu halten. Ohne daß die Ellbogen den Körper berühren, reiben Sie jetzt die Hände aneinander und pusten kräftig. Das machen Sie so lange, bis die Hände ganz warm sind. Wenn Sie die Hände jetzt wieder zusammenlegen und anschließend die Arme ausbreiten, spüren Sie, daß Ihre Energiekugel größer geworden ist, daß sie sich praktisch verdoppelt hat, manchmal sogar noch mehr als das. Was ist passiert? Beim Aneinanderreiben der Hände haben Sie das Nebenchakra an der Handinnenfläche stimuliert. Es kann jetzt mehr Schwingungen aufnehmen und aussenden, so daß sich das zwischen unseren Händen wahrgenommene Energiefeld verdoppelt. Beim Aneinanderreiben der Hände wird gleichzeitig auch der Vagus, der Hauptnerv des parasympathischen Systems, gereizt. Durch die Reizung dieses Nervs, der das Gehirn mit allen Drüsen des menschlichen Körpers verbindet, werden die beiden Gehirnhälften in Einklang gebracht, was sich dann bei uns als verbesserte Wahrnehmungsfähigkeit äußert. Nach dieser Methode können Sie Ihre gesamte Nahrung vor dem Verzehr energetisch aufladen. Kosten Sie zunächst in Ruhe von jedem Nahrungsmittel und prägen Sie sich den Geschmack ein. Dann reiben Sie sich wie oben beschrieben die Hände, halten sie über den Teller und bitten dabei um *Hilfe und Heilung*. Wenn Sie spüren, wie die Energiekugel unter Ihren Händen anwächst, ist das ein Zeichen dafür, daß die Nahrungsmittel die Energie in sich aufgenommen haben. Normalerweise dauert dieser Vorgang dreißig Sekunden bis eine Minute. Gemüse brauchen für die Energieaufnahme fünfzehn Sekunden, Nahrungsmittel vom Typ »Fast food« etwa vier Minuten. Je gesünder ein Nahrungsmittel ist, desto weniger Zeit benötigt es für die Energetisierung. Wenn Sie anschließend wieder kosten, werden Sie einen deutlichen Geschmacksunterschied feststellen. (Machen Sie diesen Test doch einmal mit einem Glas Wasser. Da Wasser ziemlich geschmacksneutral ist, werden Sie den Unterschied leicht merken.)

Mit Hilfe dieser Methode läßt sich auch feststellen, ob ein Nahrungsmittel für den Verzehr geeignet ist oder nicht (das heißt, verdorben oder vergiftet ist). Dazu möchte ich folgende Geschichte aus meinem Leben erzählen: Zusammen mit einer Freundin saß ich in einem renommierten japanischen Restaurant. Ich hatte ein Hühnergericht bestellt und sie Sushi. Nach dem Servieren begannen wir wie gewohnt mit dem Energetisieren. Ich vermißte jedoch die Energiekugel unter meinen Händen, die mir für gewöhnlich anzeigte, daß das Essen die energetische Ladung aufgenommen hatte. Unter Aufbietung meiner ganzen Konzentration probierte ich es noch einmal, aber nichts passierte; von Energieanstieg keine Spur. Noch nie zuvor hatte ich etwas derartiges erlebt. Mein Vertrauen in diese Speise war nicht sonderlich groß. Als ich davon kostete, hatte ich gleich den Eindruck, daß mir der Bissen schwer im Magen lag. Ich beschloß, nicht weiterzuessen. Meine Freundin bot mir an, unsere Teller zu tauschen. Gesagt, getan. Aber auch sie spürte keine Reaktion bei dem Versuch, mein Essen energetisch aufzuladen. Trotzdem aß sie weiter. Am nächsten Tag erfuhr ich, daß ihr die ganze Nacht übel gewesen war.

Etwas Ähnliches passierte auch einer Schülerin von mir. Als sie eines Abends nach dem Unterricht mit ihrer Familie beim Essen saß, gelang es ihr nicht, die Nahrung zu energetisieren. Da ließ sie das Essen stehen. Ihre Tochter und ihr Mann aßen weiter und hatten eine schlimme Nacht.

Was lernen wir daraus? Wenn unsere Hände nicht die gewohnte Reaktion zeigen, heißt das, daß diese Nahrung uns nicht guttut. Wenn ich im Restaurant esse, lade ich mein Essen grundsätzlich auf. Manchmal ist es nur ein Nahrungsmittel, das darauf nicht anspricht, und das lasse ich dann liegen. In all den Jahren hatte ich noch nie einen verdorbenen Magen und noch nie eine Lebensmittelvergiftung und das, obwohl ich unterwegs manchmal in recht zweifelhaften Lokalen einkehren muß.

Kranken und Rekonvaleszenten rate ich dringend davon ab, etwas zu essen, was nicht energetisch aufgeladen ist. Für die Heilung und Genesung ist es wichtig, daß diese Menschen nur die bestmögliche Nahrung zu sich nehmen. Sogar Medikamente profitieren von dieser Energetisierung in Verbindung mit der Intention, zu helfen und zu heilen.

Es ist nicht unbedingt nötig, die Nahrung vor jedem energetischen Aufladen zu probieren. Ich empfehle es eigentlich nur zu Anfang, um festzustellen, wie sehr dieses Aufladen die Qualität der Nahrungsmittel verändert hat. Wir erfreuen mit dieser Geste die Naturgeister, denn sie sehen darin einen Beweis für den Respekt, den wir ihnen entgegenbringen.

Ich möchte Sie jetzt bitten, ein Experiment durchzuführen, das ebenfalls von großer Bedeutung ist. Suchen Sie sich eine Pflanze oder einen Baum und laden Sie dann Ihre Hände durch Reiben energetisch auf. Versuchen Sie nun, das Energiefeld aufzuspüren, das die Pflanze oder den Baum umgibt. Wo genau befindet es sich? Ebenso wie die Menschen besitzen auch die Pflanzen eine spezifische Aura, die bei jedem Gewächs anders aussieht. Tasten Sie nun mit Ihren Händen diese Aura ab und achten Sie dabei auf die feinen Unterschiede. Wie fühlen sich der Stamm und die Blätter, eine Kerbe oder ein zufällig vorbeifliegendes Insekt an? Wie unterscheiden sich die einzelnen Pflanzen? Auf diese Weise lernen Sie, die Aura wahrzunehmen. Jeder Mensch fühlt anders. Seien Sie nicht furchtsam, sondern aufmerksam. Spüren Sie die feinen Unterschiede mit den Händen auf, aber gehen Sie ohne vorgefaßte Meinungen und Erwartungen ans Werk.

Nach den Pflanzen und Bäumen wenden wir uns, falls möglich, den Tieren zu. Ganz zum Schluß erfolgt die Aura-Beobachtung beim Menschen. Durch gezielte Fragen an die Person, die sich für dieses Experiment zur Verfügung stellt, bekommen Sie Aufschluß über Ihre persönlichen Eindrücke. Jeder Mensch empfindet anders, und die Botschaften, die er über seine Hände empfängt, sind oft nicht einzuordnen. Wir müssen daher unseren persönlichen Code herausfinden, und das gelingt am besten durch Fragen. Sobald sich die Struktur oder die Empfindung unter Ihren Händen verändert, fragen Sie den Betreffenden, ob er an dieser Stelle Schmerzen verspürt. Die Veränderung kann von einer alten Verletzung herrühren, die sich in der Aura des Menschen festgesetzt hat. Ich bin immer wieder überrascht von der Vielzahl der unterschiedlichen Empfindungen, die sich bei dieser Übung einstellen. Der eine nimmt an der betroffenen Stelle Wärme wahr, der andere Kälte; einer *sieht* die Krankheit mit seiner Hand, ein anderer spürt sie in seinem Körper; einer fühlt eine rauhe Oberfläche, ein anderer eine Vibration. Jeder muß seinen eigenen Code finden, und dazu befragt er am besten die Person, die sich freundlicherweise zur Verfügung gestellt hat. Achten Sie auch auf die Schwankungen im elektromagnetischen

Feld. Über bestimmten Körperstellen kann das Energiefeld dichter oder poröser sein. Es kann Löcher aufweisen,
so daß es dann nötig wird, diese Störungen auszugleichen
(siehe dazu Kapitel 8: *Therapeutic Touch*). Doch vorerst
begnügen Sie sich damit, diese Disharmonien wahrzunehmen.

Daneben gibt es noch andere Übungen als Vorberei-
tung auf die therapeutische Anwendung von Kristallen
und Edelsteinen. Eine davon ist das Einschlafen mit
einem Kristall. Beim Zubettgehen nehmen Sie einen
Bergkristall in die Hand und schlafen damit ein. Wenn
Sie ihn über Nacht verlieren, ist das nicht weiter tragisch.
Es ist vielmehr so, daß sich der Kristall bewußt selbstän-
dig macht und sich dort niederläßt, wo Sie Probleme mit
Ihrer Gesundheit haben. Davon können Sie sich morgens
beim Aufwachen überzeugen. Viele kleinere Beschwerden, wie zum Beispiel Schmerzen in den Fingern oder im
Rücken oder auch eingeschlafene Hände, werden schon
allein dadurch behoben, daß die Vollkommenheit des
Kristalls mit unserer eigenen Vollkommenheit in Schwingung gerät und dabei unsere Selbstheilungskräfte
aktiviert.

An diesem Beispiel sehen Sie bereits, inwieweit der
Kristall selbsttätig wirkt, wenn er pfleglich behandelt
und respektiert wird. Des weiteren werden Sie eine Bewußtseinserweiterung durch den Kristall feststellen. Zu-
mindest haben Sie den Eindruck, in den ersten Nächten
weniger zu schlafen. Doch der Eindruck täuscht; wir
schlafen genausolange. Wir nehmen ganz einfach be-
wußter wahr, was um uns herum geschieht, und das
selbst im Schlaf, weshalb wir meinen, nicht zu schlafen.
Auch das Aufwachen fällt leichter, denn das Bewußtsein
ist um einiges geschärft. Sobald Sie die Augen aufschla-
gen, fühlen Sie sich topfit, auch wenn Sie nicht den Eindruck haben, ausgeschlafen zu sein. Mit der Zeit gewöh-
nen Sie sich daran und stellen fest, daß Sie tatsächlich
schlafen. Der Kristall begünstigt außerdem die nächt-

liche Reinigung des Körpers, indem er die negativen Energien anzieht, die sich tagsüber in unserem elektromagnetischen Feld festgesetzt haben. Nach dem Aufstehen müssen wir daran denken, den Kristall zur Reinigung in Salzwasser zu legen.

Die nächste Technik beschäftigt sich mit dem Zentrieren. Globales Verständnis, das wahre Wissen vom Leben und der Wirklichkeit der Dinge setzt voraus, daß wir die Welt mit beiden Gehirnhälften wahrnehmen. Das bezeichnen wir als *zentrieren* oder *die eigene Mitte finden*. Die linke Hirnhälfte ist für das rationale, logische, lineare und objektive Denken zuständig. Sie ist der Gedächtnisspeicher und Computer. Als *ungläubiger Thomas* ist diese Hirnhälfte nur bereit, etwas zu glauben, wovon sie sich selbst überzeugt hat. Die rechte Hirnhälfte steht für Imagination, Intuition, Assoziation, abstraktes Denken und subjektives Empfinden. Sie sieht die Dinge als Ganzes. Die beiden Hemisphären sind wichtig für das Gesamtverständnis einer jeden Situation. Es müssen alle Daten, die emotionalen wie die rationalen, erfaßt werden, aber das hat die heutige Gesellschaft weitgehend vergessen. Im Rahmen einer therapeutischen Behandlung darf das jedoch nicht passieren. Wenn die Hirnhälften synchronisiert sind, das heißt, harmonisch zusammenarbeiten, werden Sie feststellen, daß Sie besser sehen, besser hören, sich besser fühlen, bedeutend mehr wahrnehmen und jene Art von innerer Ruhe verspüren, die man als *Leere* bezeichnen könnte. Dank dieser inneren Leere sind wir in der Lage, das Gefäß zu füllen. Ohne die Leere ist auch kein Platz für andere Dinge. Ist die Leere vorhanden, können wir die Energie, das Göttliche, die Wirklichkeit, so wie sie ist, zum Gestalten, Helfen und Verstehen in uns aufnehmen.

Es ist sehr wichtig, daß Sie den Heilungssuchenden in seiner Gesamtheit erfassen, das heißt, ihn weder zu subjektiv noch zu objektiv wahrnehmen. Ihre Sicht und Ihr Verständnis dürfen nicht von Ihren eigenen Schwächen und Problemen getrübt werden. Das nicht-zentrierte Mentale neigt dazu, einen Schleier zu bilden, einen Nebel, der uns daran hindert, die Dinge klar zu sehen. Lassen Sie mich dies am Beispiel eines Kindes und eines Politikers verdeutlichen. Das noch nicht vom Leben negativ geprägte Kind versteht augenblicklich die Bedeutung dessen, was ihm sein Lehrer sagt. Es muß nicht erst überlegen; es versteht sofort. Sobald die Information das Mentale erreicht, wird sie integriert. Genau das bezeichnet den Zustand des Zentriertseins. Der Politiker hingegen hat einen Hintergedanken; er will gewählt werden oder seinen Standpunkt geltend machen. Sobald sein Gesprächspartner seine Meinung äußert, versucht der Politiker nicht, diese Meinung zu integrieren, sondern sie für seine eigenen Zwecke zu nutzen. Die Verschleierung verhindert die richtige Wahrnehmung dessen, was der andere äußert. Und so kann man bisweilen beobachten, wie zwei Erwachsene stundenlang miteinander diskutieren, ohne sich je wirklich zu verstehen, obwohl beide das gleiche sagen.

Zum Zentrieren bedient man sich einer Atemtechnik, die den Hals lockert und entspannt. Das Kehlkopf- oder Halschakra fördert im geöffneten und entspannten Zustand die Synchronisation der beiden Hirnhälften und hilft gleichzeitig, sich zu zentrieren. Besagte Technik ist die schnellste und einfachste von allen Methoden, die ich im Laufe der Jahre kennengelernt habe. Deshalb empfehlen wir sie hier auch weiter und verwenden sie bei allen hier beschriebenen Übungen und Heilbehandlungen mit Steinen.

Zu Beginn atmen Sie mehrmals (mindestens dreimal) tief ein und aus, um genügend Sauerstoff zu tanken. Während eines Atemzuges, der das Einziehen und Ausstoßen des Atems umfaßt, müssen Sie deutlich spüren, wie sich Ihre Hände - eine Hand auf dem Solarplexus, die andere auf dem Brustbein aufliegend - heben und senken. Wenn Ihnen das nicht gelingt, sollten Sie regelmäßig Atemgymnastik treiben, das heißt, Ihre Atmung vertiefen, damit Bauch und Brustkorb sich beim Einziehen des Atems ausdehnen. Atmen Sie dann langsam durch die Nase ein und langsam wieder aus. Stoßen Sie dabei, ohne sich anzustrengen, einen kehligen Laut aus. (Haben Sie sich erst daran gewöhnt, ist dieser Laut nicht mehr wichtig.) Wenn Sie zur Hälfte ausgeatmet haben, stoppen Sie den Laut. Dadurch wird auch der Atem angehalten. Konzentrieren Sie sich beim Anhalten des Atems auf Ihre Kehle und stellen Sie sie sich weit geöffnet und entspannt vor. Sie dürfen auf keinen Fall eine zugeschnürte Kehle haben. Um das herauszufinden, holen Sie tief Luft und halten dann den Atem an. Spüren Sie die Verengung unten im Hals? Genau diese Verengung gilt es zu verhindern. Ihre Kehle muß frei und entspannt sein, auch beim Anhalten der Luft. Führen Sie diese Atemübung dreimal hintereinander aus und versuchen Sie, zwischen jedem Ein- und Ausatmen den Atem länger anzuhalten.

Beim Ausatmen muß nicht immer ein kehliger Laut ausgestoßen werden. Empfehlenswert ist es nur beim ersten Mal, sozusagen als Kontrolle dafür, daß der Hals richtig entspannt ist. Die Stimmbänder vibrieren nämlich nur im entspannten Zustand. Ein sicherer Beweis, daß Sie die Technik des Zentrierens beherrschen. Nach dreimaligem Ein- und Ausatmen hält das Zentriertsein etwa vierzig Minuten an.

Bei richtiger Ausführung dieser Übung erlangen Sie also den Zustand der *mentalen Mitte*. Um ganz sicherzugehen, sollten Sie sich die Zeit nehmen und Ihre Empfindungen vor und nach der Übung vergleichen. Schauen Sie sich vor der Atemübung die Farben und das Licht an. Wie hören Sie die Stimmen, Geräusche und Laute in Ihrer unmittelbaren Umgebung? Wie nehmen Sie Ihre Mitmenschen wahr? Und wie fühlen Sie sich innerlich? In welchem seelischen Zustand befinden Sie sich momentan? Führen Sie dann die obengenannte Übung durch und vergleichen Sie. Sehen Sie sich die Farben und das Licht an, lauschen Sie den Klängen, beobachten Sie Ihre Mitmenschen und achten Sie auf Ihren Gemütszustand. Wenn Sie die Atemübung korrekt ausgeführt haben, dann müßten Sie jetzt entspannter und ruhiger sein, Ihr Gesichtsfeld hätte sich erweitert, die Farben wären kräftiger und leuchtender, die Laute und Stimmen um Sie herum klarer und deutlicher. Es hat sich die besagte *Leere* eingestellt, und das bedeutet, daß Sie jetzt *zentriert* sind. Sie fühlen sich besser, sind ruhiger und gelöster, sehen und hören besser. Alle Ihre Sinne sind geschärft. Ihr gesamtes menschliches Potential ist verfügbar, denn Sie sind zentriert, Sie sind ganz im Hier und Jetzt. Ihre rechte und linke Hirnhälfte sind gleichgeschaltet; sie sind synchronisiert.

Zentrieren hilft in vielen Situationen: vor Prüfungen, damit Ihre Prüfungsergebnisse besser ausfallen; vor einem öffentlichen Auftritt, damit Sie kein Lampenfieber haben; vor wichtigen Äußerungen, damit Ihre Botschaft besser ankommt; beim Zusammentreffen mit wutschnaubenden Menschen, damit deren negative Energie sich nicht über Sie entlädt und Sie davon verschont bleiben; und nicht zuletzt bei Heilbehandlungen, damit Sie den Hilfesuchenden besser wahrnehmen und ihm mit geballter Energie helfen können.

Was immer Sie auch tun, Sie werden leistungsfähiger. Deshalb sollte jedwede Arbeit mit dieser Übung beginnen. Zentrieren Sie sich, bevor Sie meditieren, bevor Sie eine Eröffnungszeremonie abhalten, bevor Sie Ihre Lebensmittel energetisieren, vor jeder therapeutischen Arbeit und vor allen wichtigen Entscheidungen. Es lohnt sich wirklich.

Wenn Sie Probleme haben, diese aber nicht in den Griff bekommen, dann nehmen Sie sich die Zeit zum Zentrieren. Sie werden sehen, die Lösungen ergeben sich von ganz allein.

Wenn ein zentrierter Mensch an einen Elektroenzephalographen angeschlossen wird, sendet sein Gehirn Thetawellen aus, die einen noch entspannteren Zustand kennzeichnen als Alphawellen. Thetawellen sind langsame Wellen und entstehen gewöhnlich im Schlaf. Sie fördern die Konzentration, die Wahrnehmung und die Heilfähigkeit.

Kapitel 5

Die drei Grundgesetze des Heilens und die Programmierung des Kristalls

Bedingungslose Liebe

Damit kommen wir zu den drei Grundgesetzen des Heilens. An erster Stelle steht die *Liebe*, und zwar die *bedingungslose* Liebe, nicht das, was die Gesellschaft normalerweise darunter versteht. Hier ist vielmehr die Form der Liebe gemeint, die nicht besitzergreifend ist, die nicht unterdrücken will, die für alle da ist und niemanden bevorzugt. Diese Liebe ist wie die Sonne. Sie erstrahlt ebenso für das Gute wie für das Böse. In ihrer Weisheit manifestiert sich diese Liebe als Mitgefühl, als jene Gefühlsregung, die an der Not des anderen Anteil nimmt und ihm zu helfen versucht. Das Mitgefühl ist Voraussetzung für die Beziehung zwischen Helfer und Hilfesuchendem. Damit die Behandlung für den Heilungssuchenden erfolgversprechend, angemessen und ausgewogen ist, muß beim Helfer eine innere Anteilnahme und Hilfsbereitschaft vorhanden sein. Dieser Impuls zu helfen muß im Mitgefühl und in der Liebe zum Ausdruck kommen.

Wir sollten jedoch aufpassen und dieses Mitgefühl nicht mit Mitleid verwechseln, weil uns letzteres von den Menschen entfremdet. Sobald wir Mitleid empfinden, macht uns das Leid und die Not des anderen befangen. Man leidet mit, wenn man mit fremdem Leid konfrontiert wird, weil man möchte, daß es aufhört. Beim Mitgefühl dagegen verstrickt man sich nicht in das Leid anderer. Mitgefühl ist losgelöst davon und hat nur Geben und Teilen im Sinn; ist immer gleich, bei allem und jedem, ohne Rücksicht auf das Ausmaß des Leidens, und es gilt für alle Bereiche. Mitgefühl äußert sich mit der gleichen Intensität für das Leid eines Menschen, einer Pflanze oder eines Tieres. Diese Anteilnahme erwächst aus dem Selbstverständnis des Menschen, das sich in der Meditation formt, sobald wir das Geheimnis um unsere eigene Person lüften. Man ist sich also der Tatsache bewußt, daß der andere genau dasselbe Geheimnis widerspiegelt. Diese Liebe, die da im Mitgefühl mitschwingt, ist gleichzeitig auch ein Stück Selbstliebe. Wir geben dem anderen das, was wir selbst gerne hätten und haben dabei das Gefühl, miteinander zu verschmelzen, eins zu werden, und das gewaltige Liebespotential, das in uns schlummert, teilen zu müssen.

Natürlich kann sich diese Form der Liebe nicht ohne Selbstliebe manifestieren. Nur wer sich selbst liebt, kann auch den Nächsten lieben. Wir müssen zuerst für uns selbst Mitgefühl aufbringen, bevor wir es dem anderen zeigen. Deshalb beginnt diese Anteilnahme auch in der Meditation, wenn wir uns der Stille hingeben und uns des uns innewohnenden Geheimnisses bewußt werden. Dann erkennen wir, daß der andere nur eine Spiegelung von uns ist.

Als Heiler braucht man Zeit und Muße. Es ist wichtig, sich hin und wieder selbst eine Freude zu bereiten. Normalerweise rate ich meinen Schülern, an mindestens einem Tag in der Woche nur das zu tun, was ihnen Spaß macht. Wer therapeutisch arbeitet, muß erfüllt sein, muß wie aus einem Brunnen Glück, Wohlbefinden und Freude aus sich schöpfen, um dies an den Hilfesuchenden weitergeben zu können, ohne daß seine eigene Energie dadurch geschwächt wird. Stürzen wir uns also ins Vergnügen! Genießen wir die Freuden des Lebens! Ein jeder nach seiner Fasson, nur auskosten muß er diese Freuden. Wir müssen begreifen, wie wichtig es ist, sich erst einmal um sich selbst und dann erst um andere zu kümmern. Das ist der Lauf der Welt. »Jeder ist sich selbst der Nächste«, lautet ein Sprichwort. In dem Maße, wie wir selbst Zeit und Muße finden, um das zu tun, was unseren eigenen Interessen entspricht, uns Freude und Spaß am Leben gönnen, können wir diese Freude auch an den anderen weitergeben. Nur so können wir ihn davon überzeugen, daß er ebenfalls ein Recht auf Gesundheit, Glück und Wohlergehen hat.

Die Liebe ist also das erste Grundgesetz der therapeutischen Beziehung, denn die Heilung geht von der Liebe aus. Ein Mensch, der der Liebe auch in der winzigsten Zelle seines Körpers Ausdruck verleiht, vollbringt Heilungen durch das bloße Antippen mit den Fingerspitzen. Auch Jesus Christus war ein solcher Mensch. Er heilte die Kranken, indem er ihnen die Hände auflegte oder indem sie ihn einfach berührten, denn Jesus war die Verkörperung der Liebe in menschlicher Gestalt. Er lebte so sehr für die Liebe, daß er zur Vergebung der Sünden freiwillig den Kreuzestod auf sich nahm. So müssen wir uns die Liebe vorstellen. Es kommt nicht so sehr darauf an, welches Werkzeug zum Heilen verwendet wird, ob die Homöopathie, die Edelsteintherapie, *Polarity*, die Pflanzenheilkunde, die Psychotherapie oder die traditionelle Medizin zum Einsatz kommt, an erster Stelle steht immer die Liebe. Es ist nicht so sehr die Heilmethode, die wirksam wird, sondern vielmehr die dem Heiler innewohnende Fähigkeit, die grundlegenden, für die Heilung erforderlichen Wahrheiten – eben jene drei Grundgesetze – zum Ausdruck zu bringen.

Nicht-Verhaftetsein

Das zweite Grundgesetz der Heilung ist das *Nicht-Verhaftetsein*. Es ergibt sich aus dem ersten. Wie bereits eingangs erwähnt, ist Mitleid eine innere Anteilnahme, die bindet, während das Mitgefühl kein Anhaften kennt. Nicht-Verhaftetsein bedeutet, daß wir uns nicht an das

Ergebnis klammern, daran festhalten, daß wir verstehen, daß der Heilungssuchende selbst für seine Heilung verantwortlich ist. Es ist nie der Behandelnde, der eine Heilung vollbringt. Als Heiler sind Sie nur ein Werkzeug, ein Kanal, ein Instrument für seine Heilung. Der beste Heiler der Welt, das beste Medikament auf Erden kann nicht heilen, wenn es der Kranke nicht will. Die Krankheit bleibt oder sucht sich einen anderen Ort, aber sie verschwindet nicht, denn der Kranke hat sich – bewußt oder unbewußt – dafür entschieden, sie zu behalten. Wir müssen begreifen, daß der Therapeut kein Gott ist und daß der Hilfesuchende die alleinige Verantwortung für seine Genesung trägt. Deshalb ist es wichtig, sich vom Ausgang der Behandlung unabhängig zu machen. Wenn der Betreffende wieder gesund wird, sollten wir nicht mit stolzgeschwellter Brust herumlaufen und uns dieser Heilung rühmen. Andererseits müssen wir uns auch nicht tadeln, Schuldgefühle einreden und schlechtmachen, wenn er weiterhin krank ist.

Das Nicht-Verhaftetsein ist im Grunde eine Art Versicherung für den Heiler. Sie garantiert ihm, daß er stets gleichbleibend, objektiv, unparteiisch und mit sich in Einklang ist. Es ist der Hilfesuchende selbst, der die Heilung zuwege bringt. Wir dürfen auch nicht außer acht lassen, daß Krankheit eine Chance zum Wachsen bietet. Sie ist ein Signal, daß wir uns ändern und mit den universellen Gesetzen des göttlichen Willens in Einklang bringen müssen. So gesehen erscheint die Krankheit nicht mehr ganz so negativ und kann durchaus nützlich für unsere weitere Entwicklung sein.

Manchmal kommen wir nicht umhin zu akzeptieren, daß die Heilung eines Menschen in seinem Tod liegt. Der Tod ist eine Entwicklungsstufe, ein Übergang. Ein Heiler wird bei seiner Heiltätigkeit zwangsläufig auch mit Menschen konfrontiert, deren Lebensuhr abgelaufen ist. In einem solchen Fall besteht seine Aufgabe darin, den Patienten in den Tod zu geleiten, Sterbehilfe zu leisten. Dabei sollte das Sterben im Vordergrund stehen und nicht das, was wir meinen, was gut für den Kranken ist. Genau darin besteht das Elend der heutigen Allopathie. Diese Heilmethode der Schulmedizin, bei der Krankheiten mit entgegengesetzt wirkenden Medikamenten behandelt werden, versucht nämlich mit allen Mitteln, einen Menschen am Leben zu erhalten, auch wenn *seine Zeit gekommen ist.* Wieviel Leid das für die Angehörigen und den Sterbenden selbst bedeutet, ist uns allen hinreichend bekannt. In einem solchen Fall muß nicht die Krankheit behandelt werden, sondern der Mensch. Er braucht Stärke und Hilfe bei *seinem* Entwicklungsprozeß, so wie er sich im Moment zeigt.

Intention

Damit kommen wir zum dritten Grundgesetz des Heilens, dem der *Intention.* Bei jeder therapeutischen Beziehung ist es wichtig, ein klares Ziel vor Augen zu haben, eine konkrete Absicht zu verfolgen. Die Energie folgt dem Denken. Das Denken entspricht in etwa einem elektrischen Kabel, das den Heilungsstrom leitet. Die Heilenergie bewegt sich im elektrischen Kabel in Fließrichtung, also in Richtung des Denkens.

Das Visualisieren eines klaren Behandlungszieles setzt beim Heiler ein Maximum an Heilenergie frei, die er in Form von Kristallen und Edelsteinen, Medikamenten, Akupunktur, Massage oder einfach nur als Ratschläge anwenden kann. Wenn Sie das Bild Ihrer Heilungsabsicht so klar und deutlich wie möglich vor Ihrem geistigen Auge bewahren, dann werden auch die Heilerfolge dementsprechend ausfallen.

Dazu ein Beispiel für eine ungeeignete Intention, von der der Klient keinen Nutzen hat: »Ich will sein Leid erträglicher machen, seine Schmerzen lindern, und seine Krankheit heilen.« Diese Intention ist äußerst schlecht, weil *Leid*, *Schmerzen* und *Krankheit* im Vordergrund stehen und problematisiert werden. Doch nicht das Problem soll energetisiert werden, sondern der Kranke, damit er selbst in die Lage kommt, seine gesundheitlichen Probleme aus dem Weg zu räumen.

Hier nun ein Beispiel für eine richtige Intention: »Dieser Mensch ist völlig gesund; die Energien fließen ungehindert durch seinen Körper; er fühlt sich rundum wohl.« Beim Visualisieren dieses Heilungszieles wird die Heilenergie dem Denken in der von Ihnen vorbereiteten Bahn folgen, und der Heilungssuchende kann sich diese Energie, die über Sie in diesem Augenblick verfügbar ist, besser zunutze machen.

Alles steht und fällt mit der Intention. Wenn Sie zum Beispiel beim Energetisieren Ihrer Lebensmittel vergessen, die Absicht, *zu helfen und zu heilen*, loszuschicken, werden Sie das sofort merken. Die erhoffte Wirkung wird nämlich ausbleiben. Die Verdauung wird nicht so gut funktionieren, und auch geschmacklich haben sich die Lebensmittel kaum verändert. Und das alles, weil die Intention beim Energetisieren fehlte. Das Tun allein reicht nicht aus. Die Energie muß gelenkt werden, weil sie sonst ziellos umherirrt. Sie muß dahingehend ausgerichtet werden, daß sie von Nutzen ist. Und das geschieht durch eine entsprechende Intention. Das dritte Grundgesetz des Heilens ist also die Intention.

Es kann von Vorteil sein, die Krankheit des zu Behandelnden zu kennen, um zur richtigen Intention zu gelangen, doch sollte das Leiden nicht ständig beim Namen genannt werden. In der Tat, je mehr Sie über das zu behandelnde Problem wissen, desto besser können Sie die heilende Energie lenken, sie dem Klienten zuführen, weil Sie ja genau wissen, wohin Sie sie schicken müssen. Wenn Sie andererseits eine Krankheit diagnostizieren, indem Sie ihr Vorhandensein noch bestätigen, beispielsweise durch Worte wie »Sie haben Krebs«, dann bestärken Sie den Kranken in seinem Glauben an die Krankheit. Seine Krebserkrankung wird nur noch schlimmer werden. Wir müssen begreifen, daß die Krankheit eigentlich gar nicht existiert. Sie ist nur ein Hindernis, ein Alarmsignal im Leben des Betreffenden. Krankheit ist vielmehr ein vorübergehender Zustand, in den sich ein Mensch immer tiefer fallen läßt oder aus dem er herauskommt. Natürlich ist es von Vorteil, die Krankheit genau zu kennen, zu wissen, um welche Art von Krebs es sich bei dem Erkrankten handelt, wie er sich auswirkt . . . und somit muß die Krankheit auch benannt werden. Es ist aber nicht gut, die Krankheit für unheilbar zu erklären und in dieser Weise auf den Klienten einzuwirken. Wir sollten also darauf achten, was und wieviel wir sagen, damit die Energie den Heilungsprozeß fördert. Kranksein ist nichts Endgültiges, sondern ein momentaner Zustand; das dürfen wir nie vergessen. Wir Menschen ändern uns ja auch ständig, sind unaufhörlich im Wandel begriffen. Der Luc Bourgault von jetzt wird in zwei Sekunden nicht mehr derselbe sein. Hinter jeder physischen Manifestation verbirgt sich ein leerer Raum. Diese Leere ist das unsichtbare Potential jeglicher Existenz; in etwa das, was wir als spirituelle Welt bezeichnen.

Die Programmierung eines Kristalls

Sobald Sie die obengenannten Prinzipien begriffen haben, können wir uns der Programmierung eines Kristalls zuwenden. Beim Programmieren eines Kristalls müssen Sie vor allen Dingen zentriert sein. Dazu bedienen Sie sich der Methode, die am Ende des vorigen Kapitels genau beschrieben wurde. Dann nehmen Sie den Kristall in beide Hände, atmen die gewünschte Intention (Erschaffung der Intention) ein und hauchen diese Instruktion direkt auf den in Ihrer hohlen Hand liegenden Kristall (Manifestation der Intention). Die Hände liegen dabei schützend vor dem Mund. Dieselbe Geste finden wir auch in verschiedenen Schöpfungsmythen. Als Gott den Menschen erschuf, hauchte er den von ihm geformten Tonfiguren Leben ein. In gleicher Weise überträgt sich auch Ihre Intention über den Atem auf den Kristall und aktiviert ihn. Eine solche Programmierung wird dann für etwa achtundvierzig Tage vom Kristall gespeichert oder bis Sie ihn zur Reinigung in Salzwasser legen. Wenn Sie die fortgeschrittenen Techniken des Kristallheilens (Stufe III und IV) beherrschen, können Sie auch lernen, Programmierungen dauerhaft zu speichern, aber das würde den Rahmen dieses Buches sprengen.

Ein Kristall kann mehrere Intentionen oder Programmierungen aufnehmen (maximal vier oder fünf), vorausgesetzt, sie passen zusammen. Sonne und Mond können nicht in ein und denselben Kristall einprogrammiert werden, weil sie einander ausschließen, wohingegen das Element Wasser und der Mond gut zusammenpassen.

Kapitel 6

Die Farben und ihre Eigenschaften

Die drei Grundfarben Blau, Rot und Gelb symbolisieren die drei Attribute des Göttlichen auf der körperlichen Ebene: Blau steht für den Willen zu sein, zu leben und einen physischen Körper zu bewohnen; Rot symbolisiert die Liebe, das Mitgefühl, die Hingabe oder das emotionale Wesen; Gelb entspricht dem Geist, der schöpferischen Intelligenz oder dem verstandesmäßigen Wesen.

Die Urenergie, das reine Licht, wird bei der Brechung in einem Prisma oder einer Wolke von Wassertröpfchen in die Spektralfarben zerlegt. Jede dieser sieben Farben dirigiert die Energie auf eine ganz bestimmte Art und Weise.

Rot, Orange und Gelb, die ersten drei Farben des Regenbogens, werden als die warmen Farben bezeichnet. Grün ist eine neutrale Farbe, sowohl anregend als auch dämpfend. Sie steht für die Ausgewogenheit, das harmonische Gleichgewicht. Die letzten drei Regenbogenfarben, Blau, Indigo und Violett, sind die kalten Farben.

Bei einer chronischen Krankheit (die schon über einen längeren Zeitraum andauert) liegt gewöhnlich ein Energiemangel vor. In einem solchen Fall greifen wir meist zu einer warmen Farbe, um dem Kranken Energie zuzuführen. Bei einer akuten Erkrankung (die unvermittelt auftritt) haben wir es dagegen mit geballter Energie zu tun. Ein solcher Energieüberschuß tritt zum Beispiel bei Kopfschmerzen, Verbrennungen oder nach einem Unfall auf. Wenn es infolge eines Schocks an der Wunde zu einem Blut- und Energiestau kommt, arbeiten wir mit einer kalten Farbe, die beruhigt und entspannt und die Energie wieder in Fluß bringt.

Alle Krankheiten, bei denen es um eine Wiederherstellung des Gleichgewichts geht, werden mit Grün, der Farbe der Heilung, behandelt. Gesundheit ist ein Zustand der Harmonie und Ausgeglichenheit, so wie er von Grün verkörpert wird. Die Aura von Heilern weist oft erstaunlich viel Grün auf, denn schließlich besteht ihre Aufgabe in der Wiederherstellung des Gleichgewichts bei ihren Klienten. Nachfolgend werden die Eigenschaften der einzelnen Farben kurz zusammengefaßt.

Rot

Rot ist die Farbe der Liebe, der Leidenschaft, der aufbauenden Lebenskraft. Rot, das ist sofortige Energie. Sie wirkt direkt auf den Ätherkörper ein, der die körperliche Vitalität bestimmt. Rot ist die Farbe, die die Körperkräfte, das Blut und das Immunsystem mit Nahrung versorgt. Rot belebt, verleiht Kraft und steht für Feuer, Hitze, Wut und die Materialisation auf der physischen Ebene. Bei der Verwendung von Rot ist Vorsicht geboten, denn es ist eine sehr wirkungsvolle Farbe. Wird sie therapeutisch eingesetzt, muß stets mit Grün oder Blau nachbehandelt werden. Es gibt Fernfahrer, die halten sich mit Rubintinktur wach. Ein paar Tropfen unter der Zunge bringen die erwünschte Wirkung: Die Fahrer sind sofort hellwach. Trotzdem sollten Sie in manchen Fällen die Einnahme begrenzen. Es wäre zum Beispiel völlig absurd, sich alle zwanzig Minuten damit aufzuputschen. Unser Körper braucht Ruhe und Schlaf. Eine Überdosis dieser Tinktur kann schlimme Folgen haben, ähnlich wie Amphetamine. Fazit: Rot stimuliert und stärkt. Auf der körperlichen Ebene veranlaßt es zu handeln, zu erschaffen und aufzubauen. Rot ist die Farbe des Herzens und des Dünndarms. Auf der emotionalen Ebene entfesselt sie Liebe, Leidenschaft und Hingabe.

Orange

Die Farbe Orange lädt den Ätherkörper auf und hilft dem physischen Körper, die verfügbaren Energien bestmöglich zu nutzen. Orange schenkt Lebenskraft. In einigen Sekten ist es üblich, orangefarbene Kleidung zu tragen. Anhänger dieser Sekten neigen zu Übertreibungen in Form von sexuellen Exzessen, übermäßigem Essen oder ähnlichem, um das Leben in vollen Zügen genießen zu können. Orange hilft diesen Menschen durch eine permanente Kräfteverteilung, so daß sie durch ihre exzessive Lebensweise nicht übermäßig geschwächt werden. Die Farbe Orange beeinflußt den Verdauungsapparat und hilft auch bei der Ableitung überschüssiger Körperenergie. Orange fungiert als Energiekoordinator und -verteiler und begünstigt die Verdauung, Ausscheidung und Fortpflanzung, und das sanfter und harmonischer, als es die Farbe Rot vermag. Orange ist eine stimulierende und positive Farbe. Fazit: Orange koordiniert und kontrolliert die Energie. Die Farbe wirkt befreiend, insofern als sie unterdrückte Gefühle und Gedanken auflöst. Auf der körperlichen Ebene ist Orange die Farbe des Magens, der Milz und der Bauchspeicheldrüse. Die energetischen Schwingungen von Orange fördern den Stoffwechsel und die Verdauung. Auf der emotionalen Ebene sorgt Orange für gute Laune, Begeisterung und eine herzliche Atmosphäre.

Gelb

Gelb wirkt auf die feineren Schichten des Energiefeldes ein. Diese Farbe trägt ein belebendes psychologisches Element in sich. Sie stärkt das Gehirn, das Nervensystem, den Magen, die Milz, die Bauchspeicheldrüse, die Augen, die Nägel und die Haare. Gelb ist wie Rot und Orange eine vitalisierende Farbe, aber ätherischer und subtiler als die beiden anderen warmen Farben. Sie beeinflußt den höheren Mentalkörper und die Seele. Fazit: Gelb ist Klarheit und Licht, eine Farbe, die aufbaut und öffnet. Gelb regeneriert das Nervensystem, reinigt und säubert den gesamten physischen Körper. Die Farbe wirkt sich auch günstig auf die Haut aus. Gelb fördert das emotionale Gleichgewicht, stärkt und unterstützt das Gehirn in seinen intellektuellen Fähigkeiten.

Grün

Grün sorgt für ein gesundes Gleichgewicht. Die Farbe kann sowohl besänftigen als auch stimulieren. Sie fördert die Harmonie, die Gesundheit, das Wohlergehen, die Einheit. Grün läßt eine Ruhe aufkommen, die dem Handeln nicht im Wege steht, und hat einen sehr positiven Einfluß auf das Herz und den Blutkreislauf. Wenn Sie nicht wissen, welche Farbe Sie benutzen sollen, dann greifen Sie zu Grün. Damit können Sie nichts falsch machen. Grün ist die Heilfarbe par excellence und immer wohltuend. Aus diesem Grund präsentiert sich auch die Natur in einem grünen Kleid. Grün regeneriert schwache Nerven, besonders nachhaltig die Leber und die Gallenblase. Fazit: Grün ist die wohltuendste Farbe für unsere industrialisierte Welt. Sie sorgt für Ausgleich und Harmonie, heilt und schafft Frieden. Grün ist neutral, weder kalt noch warm. Die Farbe beruhigt, erfrischt und stärkt den Menschen auf allen Seinsebenen. Außerdem fördert sie die Heilung des Herzens und die Blutzirkulation.

Blau

Die Farbe Blau wirkt beruhigend, kühlend, zusammenziehend und desinfizierend. Sie hemmt Entzündungen und Fieber und fördert die Entspannung und den Schlaf.

Blau ist zum Beispiel eine ideale Deckenfarbe für Ihr Schlafzimmer. Blau verkörpert die Musik und ist die Farbe, die im Kehlkopf- oder Halschakra schwingt. Die Chirurgen im Krankenhaus tragen meist blaugrüne Kittel. Blau steht für die desinfizierenden Eigenschaften, dagegen sorgt Grün für Ihre Stabilität und Ihr Gleichgewicht. Fazit: Blau ist eine kühlende, zusammenziehende und antiseptische Farbe. Sie bewirkt emotionale Entspannung und geistige Klarheit. Mit Blau wird Rechtschaffenheit und Wahrheit assoziiert. Blau öffnet uns das Tor zur Erkenntnis und zu spirituellen Wahrnehmungen. Sie ordnet die Gedanken und fördert die Ausdrucksfähigkeit und die Kommunikation.

Indigo

Mit Indigo wird eine noch tiefere Entspannung bewirkt. Diese Farbe fördert Inspiration und Intuition und herrscht über die Zirbeldrüse. Indigo ist die Farbe der Nieren und der Blase. Sie fördert das Ein- und Durchschlafen und hat einen positiven Einfluß auf Nase, Nebenhöhlen, Ohren, Mund, Hals und Lunge. Jeder spirituelle Weg, der eine gewisse Hingabe verlangt, wird in der Regel durch Indigo begünstigt. Fazit: Indigo ist eine stark beruhigende Farbe, die das Wahrnehmungsvermögen beträchtlich steigert. Sie fördert den Schlaf, die Stille und die Meditation und weckt tiefe religiöse Gefühle und Hingabe. Auf der emotionalen Ebene entspricht Indigo innerer Ruhe und Ausgeglichenheit. Indigo hilft bei Erkrankungen der Lunge, der Nebenhöhlen, der Augen und des Halses.

Violett

Violett ist die Farbe höchster Spiritualität. Auf der körperlichen Ebene wirkt sie eher beruhigend, auf der mentalen und spirituellen Ebene dagegen stimulierend. Violett symbolisiert Veränderung, Transformation. Deshalb wird sie bei psychischen Erkrankungen eingesetzt, bei Neurosen, Psychosen, Epilepsie, bei Gehirn- und Drüsenstörungen. Violett dient der Bewußtseinserweiterung. Fazit: Violett ist die höchste Farbschwingung innerhalb der Spektralfarben. Sie bewirkt eine spirituelle Reinigung, eine Umwandlung negativer Emotionen, eine mentale Entspannung und eine Transformation in höhere und subtilere Formen des Daseins. Violett führt die Menschen zu ihrem Wesenskern. Es bringt die Körper in Einklang, die bereits imstande sind, das kosmische Prana, die wahre Schöpfungs- oder Lebenskraft, auch Äther oder Chi genannt, in sich aufzunehmen. Die Farbe wirkt vor allem auf den höheren Seinsebenen.

Rosa

Rosa wird ebenfalls zum Heilen verwendet. Diese Farbe setzt sich zu gleichen Teilen aus Weiß (Reinheit) und Rot (Liebe) zusammen. Sie verkörpert die bedingungslose Liebe und hilft dementsprechend bei Herzbeschwerden und Herzeleid. Rosa korrespondiert mit der Energie des Rosenquarzes.

Weiß

Weiß symbolisiert Reinheit und Jungfräulichkeit und ist die Farbe der Lungen und des Dickdarms.

Mit dem Licht, aus dem alle Farben hervorgehen, ist nicht das weiße Licht gemeint. Der Urstrahl, der das ganze Lichtspektrum enthält, ist klar und durchscheinend. Fälschlicherweise ging man früher davon aus, daß es sich dabei um die Farbe Weiß handelte. Dieser Irrtum beruhte auf einer falschen Übersetzung der Sanskrit-Bezeichnung für *reines, klares Licht*, die als *weißes Licht* wiedergegeben wurde. Durch Weiß kann man jedoch nicht hindurchsehen; es ist nämlich opak, also lichtundurchlässig. Wenn die verglaste Öffnung eines Fensters weiß gestrichen ist, können wir nicht hindurchschauen. Das Fensterglas muß zu diesem Zweck durchsichtig sein. Wenn die Rede davon ist, sich mit schützendem Licht zu umgeben, dann ist immer das reine Licht mit seinem klaren Strahl gemeint. In einer Hülle aus weißem Licht haben wir Schwierigkeiten, uns mit dem Kosmos zu verbinden und die heilsamen Energien aufzunehmen. Die opake Beschaffenheit dieses Lichts bewirkt energetische Störfelder.

Schwarz

Das schwarze Licht oder das, was manche Schamanen als *spirituelles Licht* bezeichnen, ist eine andere Form von Licht. Um es zu nutzen oder zu *konsultieren*, führen diese Schamanen besondere Zeremonien aus, in denen alle anderen Lichtquellen ausgeschaltet werden müssen, denn wie gesagt, dieses schwarze Licht ist eine besondere Form von Licht, eben spirituelles Licht, das an die Quelle des noch unsichtbaren Potentials führt. Die meisten schwarzen Steine absorbieren negative Energien, die von außen kommen, und bieten somit einen wirksamen Schutz vor schädlichen Einflüssen.

Die hier genannten Besonderheiten der einzelnen Farben ersetzen aber nicht das Fühlen der Farben. Der Farbeffekt muß regelrecht *gespürt* werden. Die Informationen der einzelnen Farben werden als Schwingungen direkt übertragen. Wenn Sie intuitiv fühlen, was Ihnen eine

Farbe offenbart, dann können Sie deren Heilkräfte noch präziser einsetzen und sind weitaus besser in der Lage, diese Farbe zu visualisieren. Das *Gefühl* für die Farbwirkung kann man lernen, indem man ausgiebig über eine Farbe meditiert. Stellen Sie sich beispielsweise ein rotes Licht vor, halten Sie dieses Bild einige Minuten und verfolgen Sie dabei aufmerksam die Reaktionen Ihres Körpers auf diese Farbe. Über eine solche Meditationsübung gewinnen Sie einen tiefen Einblick in die verschiedenen therapeutisch genutzen Farben. Meditieren Sie anschließend auch über die anderen Farben.

Zuordnung der Farben

Es folgt eine kurze Beschreibung der Edelsteinzuordnungen zu den einzelnen Farben, Krankheiten und Symptomen, bei denen sie therapeutisch angewendet werden.

Rot
Stimulierend und vitalisierend
Erstes Chakra (Wurzelchakra)
Ton: C
Der rote Strahl[*] wird verwendet bei Anämie, Leukämie, Ekzemen, Ischias, Knochenbrüchen, Depressionen, Müdigkeit, Mutlosigkeit, Krebs, Hexenschuß, Lähmung. Rot stimuliert die fünf Sinne. (Im Anschluß an eine Behandlung mit dem roten Strahl muß der Körper mit Grün oder Blau abgekühlt werden. Das gilt vor allem für Krebserkrankungen.)

---

[*] Die sieben regenbogenfarbenen Strahlen (rot, orange, gelb, grün, blau, indigo und violett) sind Schwingungsebenen, über die das Urlicht (aus dem alle Farben hervorgehen) die verschiedenen Manifestationen auf der physischen Ebene zum Ausdruck bringt. Es gibt sieben Grundschwingungen, die jeweils für bestimmte Schöpfungsprozesse verantwortlich sind. Es gibt sieben Seinsebenen, eine subtiler als die andere. Das sind die sieben Dimensionen des göttlichen Ausdrucks auf der irdischen Ebene.

Edelsteine des roten Strahls und ihre Eigenschaften
Rubin: Aktiviert den Kreislauf; behebt Mangelerscheinungen des Blutes, zum Beispiel Blutarmut (Anämie); fördert die Neubildung von Hämoglobin (Farbstoff der roten Blutkörperchen); fördert die Verdauung; erhöht die Körpertemperatur; aktiviert den Energiehaushalt des Körpers im allgemeinen (bei Müdigkeit, Erschöpfung).

Granat: Nur ein Granat mit Facettenschliff kann seine energetischen Schwingungen aussenden. Er wirkt in gleicher Weise wie der Rubin, nur sanfter und gemäßigter; mit dem Granat beginnen und die Heilbehandlung mit dem Rubin fortsetzen.

Rosenquarz: Hilfreich bei allen Herzbeschwerden auf der physischen Ebene sowie bei Herzeleid; wirkt beruhigend und besänftigend auf verstörte Babys; auch als Spielzeug geeignet (Vorsicht, Verschluckungsgefahr!); wirkt beruhigend und entspannend auf hyperaktive Kinder.

Orange
Stimulierend und revitalisierend
Zweites Chakra (Milz-Chakra)
Ton: D
Der orangefarbene Strahl wird bei Asthma, Bronchitis und Lungenkrankheiten eingesetzt; er stärkt Zähne und Knochen, Leber und Nieren; hilft bei Antriebsschwäche; lädt den Ätherkörper energetisch auf; empfehlenswert auch bei nervlicher Anspannung und Erschöpfung, bei Furunkeln, bei Angstzuständen, Hemmungen, Depressionen und Verdrängung; wirkt verdauungsfördernd.

Kristalle des orangefarbenen Strahls und ihre Eigenschaften
Citrin: Der Citrin heißt auch *Kojotenstein*, denn er wirkt sogar bei den eigensinnigsten Menschen, die sich mit allen Mitteln einer Heilbehandlung widersetzen. Er

ist der ideale Kristall für alle uneinsichtigen Menschen, die nicht von ihrer Meinung abzubringen sind. Der Citrin reinigt und klärt das fünfte Energiefeld. Mit dem Madeiracitrin (dunkelorange, fast bräunlich) beginnen und sobald sichtbare Veränderungen eingetreten sind, mit dem Goldcitrin nachbehandeln.

Karneol: Beseitigt Energieblockaden im Kehlkopf- oder Halschakra; hilft bei Schwierigkeiten in der Ausdrucksfähigkeit.

Gelb
Stimulierend und erleuchtend
Drittes Chakra (Nabel- oder Solarplexuschakra)
Ton: E
Der gelbe Strahl stimuliert Gehirn und Intellekt; stärkt die physische und die ätherische Sehkraft; wohltuend für die Gallenblase und die Leber, für die Haut (Struktur, Narben); hilft bei Verstopfung, Diabetes, Verdauungsstörungen; kräftigt das Herz; baut Nerven und Muskeln auf; beseitigt Darmparasiten; löst Kalziumablagerungen bei Gichtkranken; ist empfehlenswert zur Behandlung von Katarrhen.

Kristalle des gelben Strahls und ihre Eigenschaften
Champagner-Topas (farbloser Topas), Goldtopas, Goldcitrin: Die energetischen Schwingungen dieser Steine sind ähnlich wie beim Madeiracitrin, nur sanfter und liebevoller.

Chrysoberyll: Dieser Stein trägt die reine grüne Heilessenz, aber auch die Schwingungen von Gelb in sich. Somit besitzt er die Heileigenschaften beider Farben.

Grün
Beruhigend, entspannend, harmonisierend
Viertes Chakra (Herzchakra)
Ton: F
Der grüne Strahl wird eingesetzt bei Herzbeschwerden; bei zu hohem oder zu niedrigem Blutdruck; bei Erkran-

kungen der Nieren, der Blase, der Gallenblase; bei nervlicher Anspannung und Migräne; er stimuliert die Hypophyse (und wirkt somit auf alle übrigen Hormondrüsen des Körpers ein); steigert die Lebenskraft; löst Schlakkenstoffe im Blut; entgiftet; löst Blutgerinnsel auf; heilt Krebs, Durchfall, Geschwüre und hilft bei Hypoglykämie (Unterzucker).

Steine des grünen Strahls und ihre Eigenschaften
Smaragd: Regeneriert schwache Nerven; hilfreich bei allen Erkrankungen, die eine Wiederherstellung des Gleichgewichts erfordern (hierbei leisten alle grünen Steine gute Dienste).

Grüner Turmalin: Wirkt ausgleichend bei zu niedrigem oder zu hohem Blutdruck.

Peridot: Wirkt sowohl anregend als auch ausgleichend, denn er trägt gelbe und grüne Schwingungen in sich; hilft bei Depressionen, Fettleibigkeit, Verstopfung, Geschwüren und Prostatabeschwerden.

Dioptas: Wirkt blutdrucksenkend.

Alle grünen Steine können zur Behandlung der Parkinsonschen Krankheit eingesetzt werden, vor allem jedoch der Dioptas, der oft mit dem Smaragd verwechselt wird.

Blau
Elektrisierend, beruhigend
Fünftes Chakra (Kehlkopf- oder Halschakra)
Ton: G
Der blaue Strahl findet Verwendung bei Entzündungen; er lockert und entspannt; hilft bei Halserkrankungen, Gelbsucht, Gallenkolik, Fieber, Juckreiz, Verbrennungen, Schnittwunden, Stichen oder Bissen; Herzrasen, Kropf, Leibschmerzen, Frauenleiden, Geschwüren, Krämpfen; wirkt antiseptisch und blutstillend.

Steine des blauen Strahls und ihre Eigenschaften
Aquamarin: Hilft bei Prostatabeschwerden.
Coelestin: Sehr wirksam bei Migräne und Kopf-

schmerzen. Zur Behandlung den Kristall auf den Kopf legen, als Essenz oder Tinktur einnehmen oder direkt auf die Haut träufeln.

Azurit: Dieser Stein darf nicht für die Zubereitung von Essenzen verwendet werden (setzt Sulfid frei). Er hilft bei Knochenkrebs, Sehnenentzündungen und Brüchen.

Blauer Granat, Opal: Beim therapeutischen Einsatz des blauen Strahls darf nicht mit dem orangeroten Feueropal gearbeitet werden. Er verstärkt die weiblichen Aspekte unserer Persönlichkeit.

Türkis: Dieser Stein zählt nicht zu den Kristallen. Er verkörpert das himmlische Element und seine spirituellen Kräfte.

Chrysokoll und Malachit: Diese Steine werden zur Linderung und Beseitigung von Ängsten verwendet.

Indigo
Selbsterkenntnis und Weisheit
Sechstes Chakra (Stirn-Chakra)
Ton: A
Der indigoblaue Strahl findet Verwendung bei Problemen mit den Augen, den Ohren und der Nase; bei grauem Star, Schwerhörigkeit, Verdauungsstörungen, Schwellungen, starken Schmerzen, Mandelentzündungen; er stillt Blutungen; behebt nervliche und geistige Störungen; wirkt entkrampfend; reinigt das Blut und eliminiert Strahlungen; lindert Asthma, Tuberkulose, Lungenentzündung und andere Lungenerkrankungen; bringt uns mit der geistigen Welt und der Geisteskraft unserer Gedanken in Verbindung.

Steine des indigoblauen Strahls und ihre Eigenschaften
Tiefblauer Aquamarin, Saphir: Alle tiefblauen Steine einschließlich des Sternsaphirs fördern das Ein- und Durchschlafen; helfen bei Beschwerden mit den Augen, den Ohren und der Nase; bei grauem Star; Entzündungen; Gebärmuttertumoren; Ekzemen; Akne und bei allen Lungenerkrankungen.

Violett
Stimulierend und reinigend
Siebentes Chakra (Scheitelchakra)
Ton: B
Der violette Strahl findet Verwendung bei Streß und Nervosität; er wirkt blutdrucksenkend; hilft bei Schlaflosigkeit und Epilepsie; fördert die Bildung von weißen Blutkörperchen; harmonisiert und stärkt die Lymphe und die motorischen Nerven; hilft bei Bewußtseinstrübungen, bei Milzerkrankungen; inspiriert Künstler und andere schöpferisch tätige Menschen; zügelt den Appetit (hilfreich bei Diäten); harmonisiert und stärkt das Herz und hilft bei Erschütterungen, Rheuma und Neuralgie.

Kristalle des violetten Strahls und ihre Eigenschaften
Alexandrit, violetter Granat, Amethyst: Bei hyperaktiven Kindern, Schizophrenen oder Neurotikern, bei körperlich oder geistig Behinderten oder bei extrem uneinsichtigen Menschen darf nicht mit dem Amethyst gearbeitet werden. Sein therapeutischer Einsatz empfiehlt sich für grundlegende Veränderungen; er verkörpert den alchimistischen Prozeß auf allen Seinsebenen; befreit von gefährlichen Lastern (Alkohol und anderen Süchten); ist als Schutzstein zu gebrauchen; wirkt auf das zentrale Nervensystem ein; das Meditieren mit einem Amethyst klärt die sexuelle Veranlagung; wertvoller Stein für die Musiktherapie.

Kapitel 7

Die Zubereitung der Essenzen und die Auradiagnose

Für die Zubereitung der Edelsteinessenzen benötigten Sie eine Schale aus farblosem Glas, die Sie mit Quellwasser oder destilliertem Wasser füllen. Diese Glasschale bringen Sie zusammen mit dem Stein, aus dem Sie die Essenz herstellen möchten, morgens nach draußen oder stellen sie direkt ans Fenster. Wählen Sie nach Möglichkeit einen sonnigen Tag. Natürlich kann man auch an weniger schönen Tagen eine wirkkräftige Essenz herstellen, sogar bei trübem Wetter, denn die Sonne scheint auch, wenn sie hinter Wolken verborgen ist. Dennoch ist ein Tag mit strahlendem Sonnenschein vorzuziehen.

Wenn Sie den gewünschten Stein nicht zur Hand haben, programmieren Sie einfach einen Bergkristall mit der Heilenergie Ihres Wunschsteines. Sie müssen also gleich zwei Informationen in den Kristall eingeben: die Information über den gewünschten Stein und die Information über Ihre Absicht bezüglich der Person, für die Sie diese Essenz zubereiten.

Dann setzen Sie sich nieder und zentrieren sich. Laden Sie Ihre Hände energetisch auf, nehmen Sie den Kristall in die Hand und programmieren Sie ihn für Ihre Zwecke. Danach legen Sie ihn in die mit Wasser gefüllte Glasschale. Laden Sie Ihre Hände noch einmal energetisch auf und halten Sie sie über die Schale. Geben Sie dann über die Hände erneut Ihre Programmierung und Ihre Intention ein, damit das Wasser sie aufnimmt. Je klarer Sie Ihre Absichten zum Ausdruck bringen, um so besser wird das Ergebnis ausfallen. Das Ganze dauert etwa drei bis fünf Minuten, also etwas länger als das Energetisieren von Lebensmitteln. Doch wie bei der energetisierten Nahrung sollten Sie anschließend eine Energie spüren, einen sich langsam unter Ihren Händen aufbauenden Druck. Das bedeutet, daß die energetische Ladung ausreichend ist. Lassen Sie Ihre Hände nun dreimal im Uhrzeigersinn kreisen und ziehen Sie sie dann abrupt weg. Die Hände wirken wie Magneten und ziehen die Energien an. Zum Schutz gegen Staub oder Insekten decken Sie das Gefäß mit einem Stück Stoff ab und lassen es dann den ganzen Tag über, mindestens jedoch drei Stunden, in der Sonne stehen. Anschließend nehmen Sie den Kristall heraus, füllen die Flüssigkeit in Flaschen ab und stellen sie zur Aufbewahrung in den Kühlschrank.

Die so gewonnene Essenz hält sich etwa einen Monat. Nach dieser Zeit nimmt die energetische Ladung stetig ab, so daß die Essenz an Wirkung verliert. Essenzen können in großen Mengen verabreicht werden; selbst eine ganze Tasse auf einmal getrunken schadet nicht.

Und nun ein Beispiel dafür, was man mit diesen Essenzen alles tun kann: Sie sollten nach Möglichkeit stets drei oder vier Essenzen in kalten wie in warmen Farben vorrätig haben. Wenn Sie dann einen gestreßten, nervösen Menschen zu Gast haben, kochen Sie ihm einen Tee mit Aquamarinwasser. Das wird ihn sichtlich beruhigen. Wenn Sie dagegen jemand zu Besuch haben, der deprimiert und ohne Kraft ist, dann setzen Sie ihm einen Tee vor, den sie mit Rubin- oder Karneolwasser zubereitet haben.

Die Tinkturen benötigen im Vergleich zu den Essenzen eine wesentlich längere Zubereitungszeit. Sie sind konzentrierter und müssen mit Alkohol konserviert werden. Dafür sind diese Tinkturen dann auch unbegrenzt haltbar. Zu beziehen sind sie über *Pédagogies Alternatives* oder direkt über Oh Shinnah (siehe Anhang VI).

Edelsteintinkturen haben Ähnlichkeit mit den Bach-Blüten, für deren Herstellung Pflanzenteile, sprich Blüten, in Quellwasser eingelegt werden, die dabei ihre Kraft auf das Wasser übertragen und als Schwebstoffe im Wasser enthalten sind. Natürlich finden Sie im Wasser keine Kristalle, denn die Steine lösen sich ja nicht auf. Bach-Blüten wirken vornehmlich auf der Ebene des Geistes, der Emotionen und der Persönlichkeit, während die Essenzen und Tinkturen auf Edelsteinbasis mehr auf den physischen Bereich einwirken.

Wenden wir uns nun den verschiedenen elektromagnetischen Feldern des menschlichen Körpers zu. Das erste Energie- oder Kraftfeld ist ein Gebilde, das sich je nach Vitalität fünfzehn bis zwanzig Zentimeter über dem physischen Körper ausbreitet und Vitalitäts- oder Ätherkörper heißt. Dieser Ätherkörper entspricht der Lebenskraft und ist in Form von zartrosa Linien rund um den Körper zu erkennen. Das zweite Energiefeld, der Emotions- oder Astralkörper, erstreckt sich über dem ersten Feld und überragt den physischen Körper um dreißig bis fünfundvierzig Zentimeter. Der Emotionskörper wird als elektrische Ladung wahrgenommen, als farbige Blitze oder Ringe, die sich im Feld verteilen. Genau dieses Feld sieht man, wenn man die Farben der Aura wahrnimmt. Es wird vom dritten Feld, dem niederen Denk- oder Mentalkörper, überlagert und dieser manifestiert sich als blaßgelbe Wellenlinien. Dieses Feld steht für objektives, lineares und rationales Denken. Darüber hinaus erstreckt sich als viertes Feld der höhere Mentalkörper, der auch als Seelengrund bezeichnet wird. Dieses Feld wird als kleine grüne Wolken wahrgenommen. Im Grunde ist es die göttliche Persönlichkeit des Menschen, das Höhere Selbst, das abstrakte Denken, die Intuition, die Inspiration, die Kreativität und das Bewußtsein, sozusagen eine Mischung aus dem, was Sie fühlen und denken. Deshalb heißt es auch Seelengrund. Das fünfte Feld ist das spirituelle Feld, das auch als Kausalkörper bezeichnet wird. Er entspricht dem Geist Ihres teilweise ewiglichen Seins und erscheint als blaue und violette bewegliche Stifte, die alle anderen Felder durchdringen, angefangen beim vierten Feld, quer durch alle anderen Felder bis hinein in den physischen Körper. Es ist die kosmische Vereinigung mit dem Individuum, das Einssein mit den Mächten und Kräften des Universums.

Das sechste und siebente Feld gehören nicht mehr zum menschlichen Bereich, obwohl einige spirituelle Schulen darin Manifestationen einzelner Menschen sehen. Wir hingegen halten sie für die Felder der kosmischen Realität, unabhängig davon, ob ein Menschenwesen anwesend ist oder nicht. Diese Felder zeigen sich (das heißt, werden sichtbar) vor allem bei hochentwickelten Menschen, zum Beispiel bei Jesus oder Buddha.

Zu Beginn der therapeutischen Arbeit muß eine Bestandsaufnahme des ersten Feldes gemacht werden, da es beim Genesungsprozeß die größte Rolle spielt. Dazu nähern Sie sich Ihrem Klienten zunächst mit den Händen, damit Sie den Widerstand seines Ätherkörpers – etwa fünfzehn bis zwanzig Zentimeter von seinem sichtbaren physischen Körper entfernt – spüren können. Bei dieser Entfernung befinden Sie sich mit Ihrem Handrücken in seinem Astralkörper und können so die Energien dieses Feldes wahrnehmen, die oft genug für die Beschwerden des Patienten verantwortlich sind. Sie spüren auf diese Weise alle Probleme, die im physischen Körper und im Ätherkörper auftauchen, und können manchmal sogar die emotionalen Blockaden *sehen*, die diese Störungen verursachen. Wenn Sie in der Kunst des Kristallheilens weiter fortgeschritten sind, lernen Sie auch die anderen Felder zu untersuchen.

Es kann vorkommen, daß ein Klient regelrecht *neben sich steht*, das heißt, daß sein Ätherkörper sich verschoben hat und an manchen Körperstellen weniger anhaftet. Ein solcher Mensch fühlt sich zweifellos sehr unwohl in seiner Haut. Andere Erkrankungen können mit einer ungleichen Verteilung des Ätherkörpers zusammenhängen, das heißt, daß dieses Feld über manchen Körperstellen dichter oder dünner ist. Sogar Löcher können im Inneren des Ätherkörpers entstehen, und diese führen nicht selten zu Infektionen, Grippe oder Rheuma. Auch das *Besessensein* und das Gefühl, von fremden Emotionen *gefangengenommen* zu werden, rühren daher. Im nächsten Kapitel lernen wir, wie man am besten auf diese Störfelder einwirkt.

Kapitel 8

Therapeutic Touch

Bei der Heilmethode des *Therapeutic Touch*, der sogenannten Heilung durch Berührung, werden heilende
Energien übertragen. Erst wenn man diesen Energietransfer absolut beherrscht, kann die Arbeit mit Kristallen und Edelsteinen beginnen. Da Steine die Heilenergie
verstärken, kann das neue Probleme aufwerfen oder bewirken, daß sich bei unsachgemäßem Handauflegen die
Beschwerden des Klienten verschlimmern. Andererseits
kann durch das Handauflegen wirksame und schnelle
Hilfe geleistet werden. Die Hände sind insofern von Vorteil, als wir sie stets *griffbereit* haben, wo immer wir auch
sind, und Therapeutic Touch ist eine Heilmethode, die
der Arbeit mit Kristallen und Edelsteinen sehr verwandt
ist. Wenn man die Steine mit in die Behandlung einbe-
zieht, wird der Heilungsprozeß beschleunigt.

Der Begriff Therapeutic Touch wurde von Dr. Dolores
Krieger geprägt, die eine der bekanntesten und ältesten
Heilmethoden studierte, das sogenannte *Handauflegen*.
Ausgehend von Informationen der verschiedensten Heiler sowie schriftlichen Zeugnissen über das Heilen erar-
beitete sie eine Methode der heilenden Berührung, die
mittlerweile von Tausenden von Krankenschwestern und
Pflegern in zahlreichen amerikanischen Einrichtungen
praktiziert wird.[1]

Diese so einfache wie effektive Technik bringt rasche
Hilfe und Heilung und trägt dazu bei, ein ganzheitliches

---

1 Dolores Krieger, Dr. Phil.: *The Therapeutic Touch. How to Use
your Hands to Help and to Heal*, Prentice Hall New York, N. Y.
1979 (erscheint im Verlag Hermann Bauer im Herbst 1995).

Verständnis für das Heilen mit dem Quarzkristall zu entwickeln.

Die jahrhundertealten Techniken der großen Heiler sind nahezu identisch mit denen des Handauflegens. Dazu muß man wissen, daß manche Menschen mehr positive Energie übertragen können als andere. Sie sind sozusagen Werkzeuge, reine, klare Kanäle, durch die die Energie der göttlichen Mutter und des himmlischen Vaters hindurchfließt. Mit Hilfe dieser Heilmethode werden zum Teil spektakuläre Erfolge erzielt. An einem einzigen Tag hat es schon Dutzende, ja sogar Hunderte von Heilungen gegeben.

Diese Form der heilenden Berührung ist für jeden geeignet. In fast allen Fällen tritt bei der behandelten Person Entspannung und gesteigertes Wohlbefinden ein.

Gegenanzeigen für die Therapeutic-Touch-Methode sind nicht bekannt. Sie ist für alle Krankheiten geeignet, für alle Personengruppen in jeder Situation (mit Ausnahme des Handauflegens auf eine unmittelbar von Krebs befallene Körperregion). Sie kann auch gefahrlos mehrmals täglich angewendet werden. Es muß nur eine einfache Vorsichtsmaßnahme getroffen werden: Die Behandlung darf nie länger als dreißig Minuten pro Sitzung dauern. Therapeutic Touch zeigt eine rasche Wirkung, da der Energieaustausch direkt über die Hände erfolgt. Als einzige Nebenwirkung stellt sich sowohl beim Heiler als auch bei der behandelten Person eine gewisse Müdigkeit ein. Je mehr Übung Sie jedoch in dieser Technik haben, um so stärker und widerstandsfähiger werden Sie, vor allem dann, wenn Sie sich auf diese Heilmethode spezialisieren.

Zur Anwendung von Therapeutic Touch müssen Sie zunächst die Hände unter einen kalten Wasserstrahl halten. Anschließend zentrieren Sie sich nach der in Kapitel 5 gegebenen Anweisung. Dann stellen Sie sich bildhaft vor, wie *Wurzeln* aus Licht aus Ihren Füßen in den Boden wachsen. Alles, was an überschüssiger Energie vorhanden ist, wird auf diese Weise abgeleitet. Wenn also Ihr Patient infolge der Behandlung negative Energien freisetzt, die dann von Ihrem Körper aufgenommen werden, werden sie dort nicht gespeichert, sondern fließen sogleich über die von Ihnen visualisierten Lichtwurzeln in die Erde ab. Auf diese Weise behalten Sie nichts zurück, was Ihnen schaden könnte. Für die Visualisierung dieser Lichtwurzeln müssen Sie noch nicht einmal den Erdboden berühren; sie wirken auch, wenn Sie sich in der zwanzigsten Etage eines Hochhauses befinden. Visualisieren Sie anschließend eine Kuppel aus klarem Licht oder eine Amethystglocke, die Sie und die zu behandelnde Person schützend umgibt. Diesen Schutz benötigen Sie, weil Sie sich für den heilenden Energietransfer öffnen müssen. Stellen Sie sich diese Kuppel in ausreichender Größe vor, damit Sie sich bei der Behandlung problemlos um Ihren Patienten herumbewegen können, ohne dabei den Schutzbereich verlassen zu müssen. Als nächstes energetisieren Sie Ihre Hände, indem Sie sie tüchtig reiben. Dann strecken Sie Ihre Hände vor, bis Sie bei Ihrem Patienten auf einen Widerstand im Luftraum um seinen Körper stoßen. Sie können daran die Dichte seines ätherischen Körpers erkennen und haben somit einen ersten Hinweis auf seinen Gesundheitszustand. Wenn dieses Energiefeld beispielsweise sehr dünn ist, kann das bedeuten, daß der Betreffende an Allergien oder Energiemangel leidet. Sie müssen also seinen Ätherkörper aufladen (und zwar durch das Visualisieren von orangefarbenem Licht bei der Behandlung, welches den ätherischen und den physischen Körper wieder auflädt). Machen Sie sich nun ein Bild vom ganzen Körper des Patienten, indem Sie seinen ersten feinstofflichen Körper, den Vitalitäts- oder Ätherkörper, rundherum abtasten. Sobald Sie auf irgendwelche Anomalien stoßen, stellen Sie ihm gezielte Fragen. So werden Sie gelegentlich feststellen, daß das Energiefeld an manchen Stellen größer und stärker und an anderen wieder dünner und schwächer ist. Das Gebilde des Ätherkörpers kann auch Löcher aufweisen, die Sie an bestimmten Stellen als plötzliches Fehlen der dichten, wolkenförmigen Struktur wahrnehmen. Wenn Sie also derartige Veränderungen unter Ihren Händen fühlen, fragen Sie den Patienten unverzüglich, was er an dieser Stelle spürt. Es ist gut zu wissen, daß sich ein Problem häufig schon im Ätherkörper ankündigt, bevor es sich körperlich manifestiert. Vertrauen Sie ruhig den Wahrnehmungen Ihrer Hände, auch wenn der Patient ausdrücklich erklärt, an besagter Stelle keinerlei Beschwerden zu haben, Sie aber eindeutig irgendwelche Störungen wahrnehmen.

Nachdem Sie den ganzen Körper des Patienten so eingehend wie nur möglich auf diese Weise erkundet haben, halten Sie sich die Intention vor Augen, die Sie in Ihrem Innersten formulieren möchten. Genau diese Intention wird Ihnen bei der Behandlung (beim Energieaustausch) von Nutzen sein. Sobald Ihre Intention feststeht und exakt auf die von Ihnen festgestellten Probleme ausgerichtet ist (zu diesem Zweck arbeiten Sie am besten mit den Heilfarben), gehen Sie daran, das Energiefeld des Patienten abzutasten, so als würden Sie seinen Ätherkörper streicheln. Dazu lassen Sie Ihre Hände sanft und zärtlich über seinen ganzen Ätherkörper gleiten. Diese Handbewegungen bewirken, daß der Patient beruhigt und die *Struktur* seines Ätherkörpers geglättet wird. Während dieser Behandlungsphase müssen auch die disharmonischen Bereiche des Ätherkörpers (verlagertes, zu schwaches oder zu dichtes oder unausgewogenes Energiefeld) wieder ins Gleichgewicht gebracht werden. Mit Hilfe Ihrer Hände und einer bestimmten Atemtechnik modellieren Sie das Feld, rücken es zurecht, ziehen daran und drücken, bis es seine Idealform hat. Gezogen wird beispielsweise beim Einatmen, gedrückt beim Ausatmen. Anschließend tasten Sie das Feld noch einmal ab und vergleichen die Resultate mit dem vorherigen Zustand. Nach dem Abtasten müssen Sie die Hände ausschütteln, denn sie wirken ähnlich wie Kristalle und ziehen die positiven Ionen aus dem elektromagnetischen Feld des Patienten an. Beim Ausschütteln der Hände entledigen Sie sich dieser Ionen.

Nun beginnt nach einem erneuten Energetisieren der Hände die eigentliche Behandlung. Dabei wird die für die Behandlung gewünschte Intention über Ihre Hände ausgesendet. Verweilen Sie besonders an den von Ihnen ausgemachten Störzonen, indem Sie die Handinnenflächen darauf legen. Mit der rechten Hand übertragen Sie die Energie, mit der linken Hand nehmen Sie sie auf. Senden Sie also diese Lebenskraft gemäß Ihrer Intention und Ihrer gewünschten Farbe über Ihre Hände aus. Sobald Sie merken, daß der Energieaustausch beendet ist, *stopfen* Sie gegebenenfalls die Löcher, die Sie bei der Auradiagnose wahrgenommen haben. Dazu legen Sie die Hände kreuzweise übereinander und halten sie direkt über die Löcher; die Finger sind dabei gespreizt, so als würde jeder einzelne Finger einen Lichtfaden aussenden; mit diesen »*Fäden*« verweben Sie nun das ätherische Gewebe des Klienten.

Danach legen Sie Ihre Hände auf die Füße des Klienten und visualisieren dabei Lichtwurzeln, die aus seinen Füßen in die Erde wachsen. Alle überschüssige Energie kann jetzt über diese Wurzeln in den Boden abfließen. Als nächstes legen Sie Ihre Hände auf den Kopf des Patienten und rufen die himmlische Energie auf ihn herab, damit er den Segen des Schöpfers empfangen kann und wieder gesundet. Sie können zu diesem Zeitpunkt auch ein kurzes Gebet für ihn sprechen. Abschließend sprechen Sie mit dem Patienten über seine Empfindungen während der Heilsequenz.

Therapeutic Touch kann in allen Positionen angewendet werden, das heißt, im Liegen, Sitzen oder Stehen. Da sich bei der zu behandelnden Person jedoch fast immer eine gewisse Entspannung einstellt, empfehlen wir die aufrechte Sitzhaltung. In dieser Position kann sich der

Patient vollkommen entspannen, und Sie als Heiler können seinen Ätherkörper überall problemlos berühren, was nicht so einfach wäre, wenn der Klient am Boden läge.

Therapeutic Touch muß unbedingt über mehrere Wochen oder auch Monate praktiziert werden, bevor die Heilbehandlung mit dem Quarzkristall beginnen kann. Nur so können Sie in Ruhe praktische Erfahrungen sammeln und lernen, die Resultate Ihrer Heiltätigkeit besser einzuschätzen. Wenn Sie sich dann einigermaßen sicher sind, können Sie den Quarzkristall problemlos in die Behandlung integrieren, ohne dem Patienten Schaden zuzufügen. Die beiden Heilmethoden sind im übrigen fast identisch. Der einzige Unterschied besteht darin, daß der Kristall den mit Therapeutic Touch eingeleiteten Heilungsprozeß verstärkt. Sie wirken quasi mit vereinten Kräften auf den Patienten ein und werden über die Resultate Ihrer Behandlung selber staunen.

Zuvor müssen Sie sich jedoch ausgiebig im Handauflegen üben.

Kapitel 9

Die Behandlung mit dem Quarzkristall

Zu Beginn der therapeutischen Arbeit noch ein paar Worte zum richtigen Kristall. Sie brauchen einen Kristall, der weder zu groß noch zu klein ist. Er sollte außerdem rclativ leicht sein, damit Sie ihn die ganze Zeit über, durchaus auch mal länger als dreißig Minuten, bequem in der Hand halten können. Des weiteren darf er nicht so klein sein, daß man seine C-Fläche nicht erkennen kann, mittels derer die Energie moduliert und gelenkt wird. Die ideale Größe hat ein Kristall, der geringfügig kleiner als Ihre Faust ist. Ein Bergkristall weist (in der Regel) eine Spitze auf. In diese Spitze münden sechs Flächen, die Verlängerung der sechs Seiten dieses Kristalls. Jede der sechs pyramidalen, zur Spitze zusammenlaufenden Flächen unterscheidet sich von den anderen. Eine davon ist zudem länger als alle anderen, und diese bezeichnen wir als die C-Fläche. Wenn Sie mit dieser C-Fläche über Ihre Handinnenfläche fahren, spüren Sie, wie ein schmales Lichtbündel leicht Ihre Hand berührt. Das ist der Energiestrahl, den der Kristall aussendet und der von seiner C-Fläche transformiert wird.

Für die Heilbehandlung mit dem Kristall müssen Sie sich zunächst wieder zentrieren. Stellen Sie sich dann Lichtwurzeln vor, die aus Ihren Füßen herauswachsen und Sie tief und fest im Boden verankern. Anschließend visualisieren Sie eine Kuppel aus klarem oder amethystfarbenem Licht, die Sie und die zu behandelnde Person schützend umhüllt. Nachdem Sie Ihre Hände energetisch aufgeladen haben, tasten Sie damit das elektromagnetische Feld des Patienten über dem Ätherkörper ab, das heißt, den Luftraum im Abstand von fünfzehn bis zwanzig Zentimetern vor seinem Körper. Fragen Sie den Patienten nach seinen Empfindungen, damit Sie die gestörten Bereiche besser finden. Dieser Check-up der ätherischen Aura sollte möglichst gründlich durchgeführt werden, damit die benötigte Heilfarbe leichter zu bestimmen ist.

Halten Sie den Kristall dann vor den spirituellen Plexus des Klienten, das heißt, an die Spitze des Brustbeins, genau zwischen Solarplexus und Herzchakra. Legen Sie dann die C-Fläche des Kristalls an der beschriebenen Körperstelle auf. Die freie Hand legen Sie dem Klienten auf den Rücken, damit Sie spüren können, wann der Energiestrahl seinen Körper durchdringt. Sie müssen dafür dreißig Sekunden bis anderthalb Minuten rechnen. Durch diese Technik öffnen Sie sowohl das Energiefeld als auch die Chakras des Patienten. Danach legen Sie ihm die C-Fläche des Kristalls auf die Stirn und halten mit der anderen Hand seinen Hinterkopf, um die Öffnung dieses Energiezentrums besser spüren zu können. Dann legen Sie den Kristall mit der C-Fläche auf den höchsten Punkt des Kopfes, wo sich bei Neugeborenen die große Fontanelle befindet. Lassen Sie den Kristall dort so lange liegen, bis Sie mit der den Kristall haltenden Hand spüren, daß dieses Energiezentrum, das Scheitelchakra, weit geöffnet ist. Heben Sie dann den Kristall ruhig und mit Bedacht zum Himmel empor, so als wollten Sie den Kopf des Patienten an einem unsichtbaren Faden in die Höhe ziehen. Sie werden in der Tat oft den Eindruck haben, als würde der Kopf wirklich angehoben, als würde sich der Rücken strecken und der Kopf gleichmäßig auf den Schultern ruhen. Der nächste Schritt ist das *Kristallbaden*, das heißt, Sie dringen mit dem Kristall in das elektromagnetische Feld des Klienten ein und tasten dabei ähnlich wie bei der Therapeutic-Touch-Methode alle Bereiche sanft und zärtlich ab. In dieser Phase der Heilvorgangs wird die Seite des Quarzkristalls als Verlängerung der C-Fläche parallel zum Patienten gehalten. Dabei zieht der Kristall die positiven Ionen an, die sich in seinem elektromagnetischen Feld angelagert haben. Gleichzeitig bewirkt der Kristall eine Harmonisierung des Ätherkörpers und gleicht alle zu dichten oder zu durchlässigen Bereiche aus. Er glättet und begradigt auch alle rauhen und unebenen Stellen, was einer allgemeinen Stärkung des Kraftfeldes gleichkommt. Sobald Sie damit fertig sind, nehmen Sie den Kristall in die Hand und tauchen diese mitsamt dem Kristall für etwa eine Minute in Salzwasser. Das löst die positiven Ionen, die sich in seinem elektromagnetischen Feld angelagert haben. Anschließend trocknen Sie den Kristall gründlich mit einem geeigneten Tuch ab und zentrieren sich von neuem.

Sie können die zu behandelnde Person jetzt bitten, sich ebenfalls zu zentrieren. Wichtig ist jedoch, daß Sie es nicht vor dem Aura-Check-up tun, denn sonst werden bestimmte Symptome durch das Zentrieren verschwinden. Der Betreffende muß also warten, bis Sie seine Aura eingehend untersucht haben. Wenn er sich dann gemeinsam mit Ihnen zentriert, wird der weitere Heilungsvorgang sehr positiv beeinflußt. Nachdem Sie Ihre Mitte gefunden haben, programmieren Sie Ihren Kristall mit der gewünschten Intention und geben dabei auch gleich eine zuvor festgelegte Heilfarbe ein. Es kann immer nur eine Farbe einprogrammiert werden. Geben Sie gleichzeitig mit der Farbe auch die Absicht, zu helfen und zu heilen ein sowie die entsprechende Intention zur Gesundung oder zur Steigerung des Wohlbefindens bei der zu behandelnden Person. Den programmierten Kristall halten Sie dann mit der C-Fläche nach unten im Abstand von etwa dreißig Zentimetern über den Kopf des Klienten und leiten ihm per Visualisierung die in den Kristall einprogrammierte Farbe zu. Dazu ein Beispiel, wie Sie mit der Farbe Blau verfahren können: Wenden Sie sich mit den folgenden Worten an Ihren Klienten: »Visualisiere ein blaues Licht, das sich in deinem Kopf ausbreitet, dein ganzes Gehirn ausfüllt, die Haare und den Hals hinabfließt, sich über deine Stirn ergießt, in die Augen hinein, in die Nase, in den Mund und die Kehle, das die Schultern und das Schlüsselbein herabfließt, in die Lungen und in die Seiten strömt, sich über die Arme ergießt bis hin zu den Fingerspitzen. Visualisiere ein blaues Licht in Zwerchfell, Magen und Bauch, ein Licht, das alle deine Organe durchdringt, das in die Hüften strömt, in die Beine, die Knie, die Waden, die Knöchel, die Füße, das deinen Körper bis zu den Zehen mit einem beruhigenden und besänftigenden blauen Licht erfüllt.«

Nach dieser gelenkten Farbvisualisation nehmen Sie den Kristall in die Hand und bearbeiten damit die gestörten Bereiche. Halten Sie den Kristall dreißig bis vierzig Zentimeter vom Körper des Klienten entfernt, mit der C-Fläche auf ihn gerichtet und lassen Sie ihn dann im Uhrzeigersinn kreisen, wobei Sie sich langsam seinem Körper nähern. Je näher Sie den Kristall an den Körper heranführen, um so kleiner werden die Kreise, bis Sie schließlich in unmittelbarer Nähe des Körpers eine Art Häkchen spüren, so als ob der von der C-Fläche ausgesandte Strahl irgendwie verknotet wäre. Ziehen Sie dieses Häkchen vorsichtig mit Ihrem Kristall aus dem Kraftfeld heraus und beginnen Sie wieder von vorn mit der Behandlung. Nachdem Sie dies mehrmals wiederholt haben, begutachten Sie mit der freien Hand den behandelten Bereich. Wenn Sie das Gefühl haben, daß Ihre Behandlung die gewünschte Wirkung gebracht hat, können Sie den Bereich jetzt energetisieren. Dazu führen Sie den Kristall ähnlich wie beim Kristallbaden in den Ätherkörper ein, beschränken sich bei der Arbeit aber auf den zuvor behandelten Bereich. Nach diesem Muster behandeln Sie auch alle anderen gestörten Bereiche, die Ihnen beim Check-up der Aura aufgefallen sind.

Nach Abschluß der Behandlung legen Sie den Kristall in Salzwasser, um ihn zu reinigen und seine Programmierungen zu löschen. Jetzt müssen alle zu Beginn des Kristallheilens geöffneten Energiezentren oder Chakras wieder geschlossen werden. Zwei Methoden stehen dafür zur Verfügung: Bei der ersten Methode wird das Energiefeld des Klienten mit einer Adlerfeder *ausgefegt*. Zur Not tut es auch eine andere entsprechend große Feder. Mit dieser Feder wedeln Sie nun kurz und kräftig vor den Energiezentren auf der Vorderseite des Körpers. Zu diesem Zweck dürfen keinen Federn von aasfressenden Vögeln, wie Geier, Krähe oder Eule, verwendet werden. Die zweite Methode zur Schließung der Chakras besteht darin, mit den Händen aus Daumen und Zeigefinger ein Dreieck zu formen. Dieses Dreieck legen Sie zuerst auf den spirituellen Plexus des Patienten, anschließend auf seinen Kopf, gehen dann wieder zurück zur Vorderseite des Körpers und stellen sich die ganze Zeit dabei vor, alle Chakras von oben nach unten und somit sein ganzes Energiefeld zu verschließen. Nach der Kristallbehandlung müssen die Energiezentren unbedingt wieder geschlossen werden, weil es für den Patienten zu gefährlich wäre, sich mit weit geöffneten Chakras in die Welt der äußeren Realität zu begeben. Nach der Sitzung können Sie ihn bitten, über seine Eindrücke und Empfindungen während des Kristallheilens zu sprechen. Fragen Sie ihn auch nach seinem allgemeinen Befinden.

Auf der Energieebene ist dieser Heilvorgang äußerst wirkungsvoll. Es ist ratsam, die Behandlung im Abstand von einigen Tagen mehrmals zu wiederholen, damit der energetische Körper des Klienten die nötigen Schwingungen zur Wiederherstellung seines Gleichgewichts und seiner Gesundheit auch wirklich dauerhaft aufnimmt. Wie bei jeder Energetisierung kann auch hier die Wirkung mit der Zeit nachlassen. Die Behandlung wirkt vor allem in den ersten zwei Tagen nach der Sitzung stark nach. Der Klient stellt zuweilen eine Verschlimmerung seines Zustands fest, hat stärkere Schmerzen und glaubt andere unangenehme Veränderungen an sich zu bemerken. Diese Reaktionen sind normal. Wir müssen ihn davon in Kenntnis setzen und ihm klarmachen, daß er während der Gesundung manchmal Schmerzen verspürt oder auch unliebsame Veränderungen feststellt. Das gehört zum Heilungsprozeß und ist kein Grund zur Beunruhigung.

Nicht zuletzt ist es auch wichtig, die einzelnen Anweisungen sehr gewissenhaft zu befolgen. Durch Vergessen oder Auslassen eines Behandlungsschrittes setzen Sie das Wohlergehen des Klienten aufs Spiel, das sich bei ordnungsgemäßer Behandlung mit Sicherheit eingestellt hätte.

Kapitel 10

Weitere Übungen und die Fernheilung

Wir möchten Ihnen nun einige Fragen stellen, die wir als die *ewigen Fragen* bezeichnen und die im Grunde der Selbsteinschätzung dienen. Diese Fragen sollen helfen, die veränderte Wahrnehmung des Heilers bei der Ausübung der Therapeutic-Touch-Methode besser zu beurteilen. Lassen Sie sich von diesen Fragen inspirieren; dann werden auch Sie die Veränderungen verstehen, die bei Ihnen während der Meditation und bei den hier vorgestellten Übungen und Heilbehandlungen eintreten. Darüber hinaus können diese Fragen auch zur Beurteilung diverser anderer Erfahrungen herangezogen werden.

1. Wie nehmen Sie Ihre Umwelt wahr? Wann kommen Ihnen die Menschen oder Dinge in Ihrer Umgebung verändert vor?
2. Wann stellen Sie bei sich physiologische Veränderungen fest? Wann verändert sich Ihr Herzrhythmus, Ihre Atmung, Ihr Muskeltonus oder der Energiehaushalt Ihres Körpers?
3. Wie erklären Sie sich Ihre Empfindungen und Sinneswahrnehmungen? Findet ein innerer Dialog statt?
4. Wann stellen Sie an sich emotionale Veränderungen fest? Glauben Sie, daß Sie dann, verglichen mit sonst, zu übersteigert oder eher zurückhaltend reagieren?
5. Wie nutzen Sie Ihr Gedächtnis? Sind Sie sich bewußt, wie Ihre Erfahrungen zusammenhängen?
6. Wann verändert sich Ihr Zeitgefühl? Vergeht die Zeit dann schneller, langsamer, oder steht sie still?

7. Wie ist Ihr Identitätsempfinden, wie nehmen Sie sich selbst wahr? Welche Rolle glauben Sie zu spielen?
8. Wann verändert sich Ihr kognitives und bewertendes Denken? Kommt es zu grundlegenden Veränderungen in Ihrer Denkweise oder in Ihrem Urteilsvermögen?
9. Wie treten Sie mit Ihrem eigenen Körperbewußtsein in Kontakt? Welches Feedback bekommen Sie von Ihren Bewegungen, von Ihren Körperhaltungen oder von den Energieströmen in Ihrem Körper?
10. Reagieren Sie unterschiedlich auf Ihre Umgebung? Fühlen Sie sich mit den Gegenständen oder Menschen in Ihrer Nähe verbunden oder von ihnen getrennt?

Die Antworten auf diese Fragen ändern sich wahrscheinlich von Mal zu Mal. Bedingt durch die äußeren Umstände und unsere jeweilige Entwicklungsstufe antworten wir immer anders. Es empfiehlt sich, diesen Fragebogen von Zeit zu Zeit neu auszufüllen und die Antworten dann mit früheren Ergebnissen zu vergleichen. Anhand der Resultate und deren Abweichungen – falls vorhanden – lernen Sie sich selbst und andere besser verstehen. Beim Heilen mit Kristallen und Edelsteinen können wir bei uns selbst und bei anderen Zustände und Empfindungen hervorrufen, die sich von unseren alltäglichen Gefühlseindrücken stark unterscheiden. Sagen Sie der zu behandelnden Person auf jeden Fall, daß sie sich nicht ängstigen soll, daß dies ganz normale Reaktionen sind. Wenn die Klienten wissen, daß Sie das selbst auch erlebt und festgestellt haben, sind sie wesentlich beruhigter.

Die Kommunikation mit Kristallen

Es gibt eine Technik, die uns mit dem Kristall kommunizieren und unmittelbar an seinen Erfahrungen teilhaben läßt. Wir dürfen nämlich nicht vergessen, daß auch der Kristall eine Lebensform darstellt. Wie lebt er? Wie fühlt er? Wie hört er? Woraus ist das Gewebe seines Lebens gesponnen? All das erfahren wir, wenn wir mit seiner Lebensform in Kontakt treten.

Zunächst müssen wir uns über den sogenannten Lichtkörper und den Schattenkörper klarwerden. Wir haben ja bereits über die Existenz eines Lichtkörpers als die jedem Menschen innewohnende Vollkommenheit gesprochen. Bei unserer Geburt stehen uns unbegrenzte Möglichkeiten offen, und unser Sein ist genauso rein wie sein göttlicher Wesenskern. Die Mißgeschicke, die uns in diesem Leben widerfahren, lassen jedoch Disharmonien oder Mängel entstehen, die zu dem werden, was wir als Schattenkörper bezeichnen. Der Lichtkörper existiert unabhängig vom Schattenkörper. Er ist nicht an den physischen Körper gebunden und kennt fast keine räumlichen und zeitlichen Begrenzungen. In rasantem Tempo bewegt er sich durch Raum und Zeit oder verschiedene Bewußtseinsebenen. Der Lichtkörper ist unvergänglich. Der Schattenkörper dagegen besteht aus den irdischen Erfahrungen, die wir seit unserer Geburt gemacht haben. Wir müssen seinen positiven Aspekt sehen und diesen Körper genauso annehmen und lieben wie den Lichtkörper. Der Schattenkörper, das ist unser physischer Leib, durch den wir erfahren können, warum wir auf die Welt gekommen sind. Er reflektiert auch unseren Lichtkörper. Der Schattenkörper, das ist das weinende Kind, das nicht getröstet wurde, das Kind, dem es an Liebe mangelte; das sind alle Mängel und Unzulänglichkeiten, die sich seit der Kindheit im physischen Körper manifestiert haben. Dieser Aspekt unseres Selbst offenbart die Disharmonien und Schwächen, die nicht zum Lichtkörper, wohl aber zu unserer derzeitigen Inkarnation gehören. Es ist unsere Materialisation auf der physischen Ebene.

Der Schattenkörper wird auch als das *Ego* bezeichnet. Die Kommunikation mit dem Kristall setzt voraus, daß wir unser Ego kurzzeitig aufgeben. Nur so können wir das Leben eines Kristalls nachempfinden und ganz und gar in diesem Erlebnis aufgehen.

Setzen Sie sich zunächst in Meditationshaltung nieder und zentrieren Sie sich. Visualisieren Sie dann Ihren Lichtkörper, wie er in Schönheit und Vollkommenheit erstrahlt. Danach visualisieren Sie den Schattenkörper, also sich selbst. Der Lichtkörper durchdringt jetzt den Schattenkörper, vereinigt sich mit ihm, erfüllt ihn mit seinem Licht, wird eins mit dem Schattenkörper. Lichtkörper und Schattenkörper bilden jetzt eine Einheit. Die Tore des Geistes öffnen sich. Der Lichtkörper schwingt sich empor zu einer Waldlichtung am Fuße eines hohen Berges. Der Berg hat viele Höhlen, in denen es alle Arten von Steinen und Kristallen gibt, selbst auf dem Berg, an seiner Oberfläche, finden Sie alles, was Ihr Herz begehrt. Von einem dieser Steine, einem Kristall, fühlen Sie sich ganz besonders angezogen. Sie lauschen dem Gesang dieses Kristalls, der für Sie allein singt. Dieser Gesang nimmt Sie gefangen. Sie fühlen ein unwiderstehliches Verlangen nach diesem Kristall und überlassen sich ganz diesem Gefühl. Sie werden wie magisch von diesem Stein angezogen. Dann stehen Sie vor ihm und betrachten ihn. Ihr Lichtkörper dringt nun in den Kristall ein; die beiden verschmelzen und werden eins. Jetzt sind Sie dieser Kristall. Sie sehen, hören und fühlen jetzt all das, was der Kristall sieht, hört und fühlt. Verweilen Sie einfach in dieser Lebensform, offen und bereit für diese Erfahrung, Sie als Kristall, Sie als Stein . . .

Nach einer Weile sollten Sie den Kristall wieder behutsam verlassen und ihm dafür danken, daß Sie an seinem Leben teilhaben durften. Kehren Sie zum Ausgangspunkt zurück, treten Sie wieder ein durch die Pforten des Geistes, kehren Sie zurück in Ihren Körper und notieren Sie das Erlebte, sobald Sie sich dazu bereit fühlen.

Dieses Erlebnis birgt eine Fülle von Informationen, die uns helfen, unsere Gefährten aus dem Mineralreich besser zu verstehen. Sie können auf der Suche nach dem kristallinen Gefährten auch einem Bachlauf folgen, der unterirdisch weiterführt, und dort in der Tiefe der Erde Ihrem Kristall begegnen.

Die Reinigung der Chakras

Es folgt nun eine Übung zur Reinigung der Chakras, jener Energiezentren, die ihren Sitz entlang der Wirbelsäule haben. Nehmen Sie dazu einen Bergkristall mit einer Spitze; er sollte jedoch weder allzu groß noch zu schwer sein, weil er im weiteren Verlauf auf die Stirn gelegt wird. Sie beginnen wie immer mit dem Zentrieren und meditieren anschließend zehn Minuten über den Kristall. Dann legen Sie sich auf den Rücken und plazieren den Kristall auf Ihrer Stirn. Stellen Sie sich nun ein klares, farbloses Licht vor, das von dem Kristall ausstrahlt, Ihren Körper hinunterströmt und zwischen Steißbein und Genitalbereich durch das Wurzelchakra in Sie einfließt. Sie sind jetzt ganz von diesem Licht umhüllt. Schauen Sie dieses erste Chakra aufmerksam an, und wenn Sie irgendwelche Energieblockaden feststellen, beseitigen Sie sie mit Hilfe des Lichtstrahls. Dann wandern Sie hoch zum zweiten Chakra. Sehen Sie sich auch dieses Energiezentrum genau an, und reinigen Sie es gegebenenfalls mit dem visualisierten Licht. Nach diesem Schema reinigen Sie alle Chakras. Wenn Sie die Stirn erreicht haben, dürfen Sie anschließend nicht die Reinigung Ihres Kristalls vergessen.

Es gibt noch eine andere Übung, bei der uns der Kristall hilft, bestimmte Antworten auf persönliche Fragen und Probleme zu bekommen. Beginnen Sie wie immer mit dem Zentrieren, und konzentrieren Sie sich dann auf Ihre Frage. Erfassen Sie das Problem unter Einbeziehung aller bereits erhaltenen Antworten. Sobald Sie die Frage genau ausgeleuchtet haben, legen Sie sich auf den Rükken, nehmen den Kristall in die rechte Hand und lassen Ihre Gedanken ungehindert fließen. Lassen Sie die Gedanken kommen und gehen, ohne sie zu beeinflussen. Lassen Sie sie frei fließen; versuchen Sie sie nicht in eine bestimmte Richtung zu lenken. Anschließend machen Sie sich dazu Notizen. Schreiben Sie alles auf, was Ihnen währenddessen in den Sinn gekommen ist. Nehmen Sie den Kristall jetzt in die linke Hand, legen Sie sich wieder auf den Rücken und überlassen Sie sich erneut Ihren Gedanken, ohne diese einzuengen, ohne Einfluß zu nehmen. Hinterher schreiben Sie wieder alles auf, was Ihnen eingefallen ist. Lassen Sie das Geschriebene nun eine Stunde, zwölf Stunden, einen Tag oder gar eine Woche wirken. Es kommt ganz darauf an, wieviel Zeit Sie haben, um Ihre Frage zu beantworten und um das zusammengetragene Material mit neuen Augen – gedanklich unbeeinflußt – betrachten zu können. Anschließend können Sie das, was Sie von der linken und der rechten Gehirnhälfte erhalten haben, analysieren. Die Synthese daraus ist die Antwort auf Ihre Frage. Wenn Sie den Kristall in der rechten Hand halten, beeinflussen Sie die linke Gehirnhälfte; mit dem Kristall in der linken Hand die rechte Hirnhälfte. Dabei spielt es keine Rolle, in welche Richtung die Kristallspitze zeigt.

Die vier Hüter des Geistes

In der indianischen Tradition gehören die vier Kardinalpunkte zu den wichtigsten Archetypen. Es sind die himmlischen Wesenheiten, die schützend über die vier Eckpunkte des Universums wachen und für den Menschen auf dem spirituellen Pfad ein Quell der Inspiration und der Harmonisierung sind. Sie werden als die vier *Hüter des Geistes* bezeichnet. Sie sind es, die zusammen mit den Elementargeistern die Temperatur, das Wetter, die Stürme und den Sonnenschein koordinieren. Die Gebete der Indianer beginnen stets mit einer Opfergabe an die vier Kardinalpunkte, an die vier Himmelsrichtungen.

Im Mittelpunkt des von den vier *Geisthütern* gebildeten Medizinrades steht der Mensch. Jeder Mensch hat eine Richtung im Leben; das ist seine Grundrichtung. Nun sollen aber nicht nur die dieser Richtung innewohnenden Qualitäten weiterentwickelt werden. Es geht vielmehr darum, in dem Rad in Bewegung zu bleiben, es ganz zu durchwandern. Wir sollten uns um Ausgewogenheit bemühen und uns die Eigenschaften aller vier Richtungen aneignen, damit wir uns beständig und harmonisch entfalten. Schauen wir uns dazu die entsprechenden Zuordnungen zu den vier *Hütern des Geistes* an.

Willenskraft und Geist sind dem Norden zugeordnet. Es heißt, daß die Idealform der Welt (*ungawi* oder spirituelle Welt) ihren Sitz im Norden hat. Wenn man mit den Vorfahren oder den noch Ungeborenen Kontakt aufnehmen möchte, muß man sich nach Norden wenden. Das dieser Himmelsrichtung zugeordnete Tier ist der weiße Büffel. Die Farbe des Nordens ist ebenfalls Weiß. Die Zeit des Nordens ist die Nacht und der Winter, übertragen auf das Leben eines Menschen ist es die Zeit der weißen Haare, das heißt, das Alter, in dem man auf sein Leben und die Früchte seiner Arbeit zurückblickt. Das dem Norden zugehörige Element ist das Wasser. Das verborgene Potential aller Dinge liegt im Norden, symbolisiert durch die zugefrorenen Seen. Der zugefrorene See birgt Leben in sich; Leben, das unter der Oberfläche schlummert, erstarrt, wartend und unsichtbar. Wenn wir uns beständig auf dem Rad bewegen, dann schmilzt das Eis und das Leben kommt zum Vorschein.

Dem Osten entspricht das innere und das äußere Licht, die Erleuchtung. Wir pflegen zu sagen, daß die Lehren aus dem Osten kommen, denn das ist die Kraft der Luft und des Mentalen. Die Farbe Gelb und der goldene Adler sind dieser Himmelsrichtung zugeordnet. Wissen, Weisheit, Lehre und Inspiration sind die Eigenschaften, die der Geist des Ostens vermittelt. Der Osten symbolisiert Geburt und Neubeginn. Als Tageszeit ist ihm die Morgendämmerung und der Sonnenaufgang zugeordnet und als Jahreszeit der Frühling.

Der Süden symbolisiert die Kraft des Wachstums, der Liebe, der Unschuld und des Vertrauens. Als Tiere sind dem Süden der Kojote und die kleine Maus zugeordnet. Die Maus verkörpert die Unschuld und die Reinheit. Der Kojote gilt als Trickser, der die oft halsstarrigen Menschenkinder mit seiner listigen Wesensart zu bestimmten Erfahrungen und Veränderungen zwingt. Als Jahreszeit ist dem Süden der Sommer zugeordnet, die Zeit des üppigen Wachstums. Auf das menschliche Leben bezogen sind das die frühen Phasen des Erwachsenseins. Die dem Süden zugeordnete Tageszeit ist der Mittag, das dazugehörige Element die Erde. Der Süden repräsentiert auch den Weg, der einem zugedacht ist, den roten Pfad, den Pfad der Tugend, der voller Respekt für die Werke des Schöpfers ist. Seine Farbe ist das Rot, in der auch das Grün mitschwingt.

Der Westen ist die Kraft der Transformation, der *Medizin* und der Reife. Im Westen liegen die dunklen Gewässer der Innenschau, die von der schönen *Muschelfrau* bewohnt werden (einer Vertreterin der Großen Göttin), die im Pazifischen Ozean lebt. Man sagt, der Pazifik sei das *Mutter-Gewässer* und der Atlantik das *Vater-Gewässer*. Der Medizinweg liegt im Westen, wo der Schwarzbär und der Braunbär leben. Diese Tiere lehren den Weg der Geheimnisse, die Methoden des Heilens, die Kräuterkunde und die Heilungsrituale. Die Kraft der Transformation und der Donnervogel bewohnen den Westen. Die Donnervögel bringen den Regen, den Blitz und den Donner, allesamt Kräfte der Veränderung. Dem Westen ist die

Farbe Schwarz zugeordnet, aber auch Violett mit seiner transformatorischen Kraft. Der Westen steht für den Herbst und den Sonnenuntergang. Es ist auch die Zeit der Reife im Leben eines Menschen. Sein Element ist das Feuer. Der Tod ist die untergehende Sonne, die Sonne, mit der die Toten in die Welt des Geistes reisen.

Doch das ist noch längst nicht alles, was die vier *Geisthüter* repräsentieren. Sie sind so gewaltig, daß sie sich nicht mit Worten beschreiben lassen. Es empfiehlt sich daher, jede einzelne der vier Himmelsrichtungen auf sich wirken zu lassen, sie regelrecht zu spüren. Das gelingt am besten über die Meditation oder mittels spezieller Übungen. Ein Gebet zu den Hütern des Geistes wird immer erhört; die Antwort folgt unmittelbar. Durch beständiges Üben können wir unsere Wahrnehmungsfähigkeit schärfen, um die Antwort zu spüren. Wer sein Gleichgewicht bewahren will, der wird sich genau in der Mitte der vier Himmelsrichtungen aufhalten und gleich die Lektionen lernen, die jeder einzelne Hüter des Geistes erteilt.

Diese Kräfte sind allgegenwärtig in der indianischen Tradition, finden sich aber auch in anderen Traditionen. Es sind dies die mächtigen Himmelswesen, unermeßlich und mannigfach in ihren Erscheinungsformen und ihren Kräften. Sie sind es, denen wir nach altem Brauch vor dem Beten und Meditieren den duftenden Rauch von Salbei, Zeder und Süßgras in einer Muschelschale darbringen. Die Muschelschale mit dem entzündeten Räucherwerk halten wir nacheinander in die vier Himmelsrichtungen, bevor wir sie der Erde und dem Himmel übergeben.

Die Segnung eines Steins

Es folgt nun eine sehr einfache Weihezeremonie für einen Stein oder Kristall. Dafür müssen Sie sich zunächst wieder zentrieren, anschließend Ihre Hände durch Aneinanderreiben energetisch aufladen und dann aus Daumen und Zeigefingern ein Dreieck bilden. Dieses Dreieck legen Sie über den Stein und richten es nach Osten aus. Lenken Sie nun die Energien des Ostens auf den Stein. Richten Sie dann Ihre zum Dreieck geformten Hände gen Süden aus und ziehen Sie damit die Kräfte des Südens an, damit sie auf den Stein übergehen. Dasselbe machen Sie dann in westlicher und in nördlicher Richtung. Anschließend halten Sie die noch immer zum Dreieck geformten Hände vor den Körper und fahren damit den Hauptkanal (die Wirbelsäule) entlang bis hoch zum Hinterkopf. Oben angelangt – die Hände befinden sich am Hinterkopf, die Spitze des Dreiecks zeigt nach oben – kehren Sie wieder um. Mit der jetzt nach unten zeigenden Spitze des Dreiecks passieren Sie den Scheitel, die oberste Stelle des Kopfes, vorbei am dritten Auge, den Hauptkanal herunter, bis Sie wieder Ihren Stein erreichen. Mit diesen Handbewegungen ziehen Sie Ihrer Aura Energie ab, um sie dem Stein zuzuführen. Verharren Sie solange in der Position, bis Sie eine deutliche Reaktion des Steins spüren. Dann lassen Sie Ihre Hände dreimal im Uhrzeigersinn kreisen und lassen den Stein blitzschnell los. Wenn Sie das erste Mal eine solche Segnung vornehmen, probieren Sie bitte folgendes aus: Nemen Sie zwei gleichgroße Steine in die Hand und schätzen Sie, wieviel Energie beide ausstrahlen. Vollziehen Sie dann das oben beschriebene Weiheritual und vergleichen Sie erneut die Energie, die von den beiden Steinen ausgeht. Sie werden feststellen, daß der soeben von Ihnen gesegnete Stein sehr viel mehr Energie aussendet und sein elektromagnetisches Feld wesentlich größer ist. Natürlich hat Ihre Intention einen nicht unerheblichen Einfluß auf die Segnung.

Die Fernheilung

Eine grundlegende Form der Fernheilung ist das Gebet, und es wirkt in der Tat wahre Wunder. Ich habe gesehen, wie Menschen allein durch Beten richtige Wirbelstürme entfacht oder auch zum Stillstand gebracht haben. Ich habe gesehen, wie Menschen Dinge vollbringen, die nach den Gesetzen der Physik eigentlich unmöglich sind. Die Kraft des Gebetes bringt sehr oft zum Ausdruck, weshalb gebetet wird. Es gibt therapeutische Gruppen, da bilden die Menschen einen Kreis, halten sich an den Händen und beten still, während der Heiler in der Kreismitte Therapeutic Touch praktiziert. Das hat eine unglaubliche Wirkung und vervielfältigt die Kraft des Handauflegens. Wunderheilungen kommen auf diese Weise zustande, denn die Wesenheiten, die in diesem Augenblick aktiv am Heilvorgang beteiligt sind, laden sich energetisch auf, als wären sie an eine Batterie angeschlossen. Diese Wesenheiten können die Kraftquelle im Gebet direkt anzapfen und die heilende Energie über den Behandelnden an den Heilungsbedürftigen weiterleiten. Welche Art von Gebet dabei gesprochen wird, ist nebensächlich.

Regelmäßiges Beten ist ein wesentlicher Bestandteil bei der Ausbildung zum Kristallheiler bzw. Edelsteintherapeuten. Beten hat eine reinigende und nährende Funktion. Außerdem begünstigt es die Entstehung eines Energiekanals, auf dem die Heilschwingungen weitertransportiert werden. Die Entfernung ist kein Hindernis; sie existiert dabei überhaupt nicht mehr.

Der zweite Schritt der Fernheilung kann darin bestehen, während des Betens einen Bergkristall mit einer Spitze vor sich zu legen. Später können Sie den Kristall dabei auch festhalten. Alle Gedanken und Worte müssen wohlüberlegt und unter Kontrolle sein, denn sie werden automatisch durch den Kristall verstärkt. Üben Sie sich zunächst im Beten, und wenn Sie damit vertraut sind, nehmen Sie den Kristall hinzu.

Eine andere Methode der Fernheilung macht von der Verwendung einer sogenannten *Gebetstafel* Gebrauch. Dafür benötigen Sie zunächst einmal einen persönlichen Gegenstand – ein *Beweisstück* – der Person, die geheilt werden soll. Als Beweisstück kann ein Foto dienen, eine Haarsträhne, ein Brief oder eine Postkarte, auch ihre Unterschrift; kurzum, irgend etwas, was von der betreffenden Person stammt oder sie verkörpert. Diesen Beweis legen Sie nun auf ein quadratisches Stück Karton oder Holz. Sprechen Sie dann ein Einleitungsgebet mit folgendem Wortlaut: »Ich rufe hier und jetzt die Kräfte und Geister der vier Himmelsrichtungen an, auf daß sie helfen, heilen und Beistand leisten.« Sie sollen Sie in Ihren Bemühungen unterstützen und Schutz gewähren. Nach diesem kurzen Gebet streuen Sie Meersalz kreisförmig um das sogenannte Beweisstück aus. Anschließend programmieren Sie Ihren Kristall (das heißt, einen Bergkristall mit einer Spitze) mit den gewünschten Heilungsabsichten und legen ihn auf das Beweisstück. Wenn Sie die betreffende Person lokalisieren können, sollte die Kristallspitze auf diesen Punkt im Raum ausgerichtet werden. Programmieren Sie den Kristall einmal täglich neu, und das über sieben Tage hinweg. Es müssen nicht unbedingt sieben aufeinanderfolgende Tage sein, sie sollten jedoch innerhalb eines Mondzyklus liegen, das heißt, in einem Zeitraum von achtundzwanzig Tagen. Vor jeder Neuprogrammierung muß der Kristall wieder gereinigt werden. Zwanzig Minuten nach der siebten Neuprogrammierung nehmen Sie den Kristall und das Beweisstück vom Holz und vergraben das Meersalz draußen im Garten. Das ist die vereinfachte Form eines sehr alten Rituals, das ich von Oh Shinnah übernommen habe.

Auch der Traum kann bei der Fernheilung als Vermittler dienen. Die Traumarbeit ist eine sehr wichtige Arbeit, denn sie wirkt sich vor allem körperlich aus, beeinflußt unser Leben und die Dinge, die wir erleben, sehr real. Die

Indianer glauben, daß die Menschen in einem Traum leben, im Traum des Schöpfers. Das, was wir um uns herum sehen, ist die vom Schöpfer erträumte Welt und das Universum. Sie halten auch das Leben für einen Traum und glauben, daß man nach dem Tod in der wahren Realität der Dinge erwacht, das heißt, in der spirituellen Welt. Da das menschliche Bewußtsein über zahlreiche Ebenen verfügt, ist es wichtig, den Traum unter Kontrolle zu bekommen, denn sein Einfluß auf das Webmuster unseres Lebens ist weitaus größer, als man vermutet.

Bei dieser Art von Fernheilung geht es zunächst darum, sich an die Träume zu erinnern. Der nächste Schritt beinhaltet ein Wachwerden im Traum, ein Sichbewußtwerden, daß man gerade träumt. Anschließend geht es darum, den Traumverlauf bewußt zu steuern. Von dem Augenblick an können wir im Traum heilen.

Vor dem Schlafengehen entzünden Sie Räucherstäbchen mit Zederrnduft, um den Raum, in dem Sie schlafen, zu reinigen. Dann sprechen Sie ein Dankgebet für den vergangenen Tag. Sobald Sie sich schlafen gelegt haben, lassen Sie die Ereignisse des Tages Revue passieren; halten Sie Innenschau, damit Sie im Traum nicht zu den ungeklärten Dingen des Tages zurückkehren müssen. Wenn Sie tagsüber irgendwelche Fehler begangen haben (zum Beispiel ungeduldig oder aggressiv auf eine Bitte reagiert haben, nicht zugehört haben, barsch, gleichgültig, böse oder ähnliches waren), dann korrigieren Sie diese Fehler *jetzt*. Visualisieren Sie jetzt ein harmonisches Umfeld und ein offenes und freundliches Auftreten. Vergegenwärtigen Sie sich noch einmal die Ereignisse des Tages, aber tauschen Sie die negativen Elemente Ihres Verhaltens gegen positive aus. Auf diese Weise häufen Sie weniger Karma an und brauchen in Ihren Träumen nicht auf dieses Ereignis zurückzukommen. Abschließend wiederholen Sie neunmal den Satz: »Ich werde mich an meine Träume erinnern.« Sobald Sie aufwachen, schreiben Sie Ihre Träume nieder.

Wenn Sie es schaffen, sich Ihre Traumerlebnisse mühelos zu vergegenwärtigen, wiederholen Sie vor dem Schlafengehen neunmal den folgenden Satz: »Ich werde mir dessen bewußt sein, daß ich der Träumende bin, der diesen Traum im Traum träumt.« Die neunmalige Wiederholung dieses einen Satzes hat eine geradezu hypnotische Wirkung, insbesondere kurz vor dem Einschlafen, und der Gedanke prägt sich tief ins Unterbewußte ein. Sobald Sie sich im Traum bewußt werden, daß Sie träumen, schauen Sie auf Ihre Hände. (Sie können sich vor dem Einschlafen auch neunmal den Satz: »Ich werde im Traum meine Hände sehen« vorsprechen.) Im Traum strecken Sie dann Ihre Hände zum Himmel empor und rufen die himmlischen Kräfte an, auf daß sie die Erde segnen mögen; die Hände lassen Sie dabei zu Boden sinken. Nach dieser Anrufung sind Sie bereit für den nächsten Schritt.

Hierbei geht es darum, sich bewußt im Traum fortzubewegen. Wählen Sie dazu einen Gegenstand oder einen Ort aus, zu dem Sie einen besonderen Bezug haben. Vor dem Schlafengehen sprechen Sie neunmal folgenden Satz nach: »Ich werde im Traum auf meinen Gegenstand (oder Ort) der Kraft zugehen.« Wenn Sie es dann schaffen, sind Sie bereit für die Fernheilung per Traum. Dazu müssen Sie vor dem Einschlafen neunmal den folgenden Satz nachsprechen: »Ich werde mit meinem Lichtkörper zu ... (es folgt der Name der betreffenden Person) gehen, um ihr Hilfe und Heilung zu bringen.« Am nächsten Morgen, vor allem nach Ihren ersten Versuchen der Fernheilung, sollten Sie sich nach dem Befinden der betreffenden Person erkundigen. Sie werden von den Resultaten überrascht sein.

Der für diese Traumarbeit am besten geeignete Stein ist der Herkimer-Diamant. Ich kann nur immer wieder darauf hinweisen, Nacht für Nacht mit einem solchen Stein einzuschlafen, wenn diese Form der Fernheilung angestrebt wird. Der Herkimer-Diamant fördert nicht nur ein hellwaches Bewußtsein während des Träumens, er schützt Sie auch auf Ihren Reisen in der Traumwelt. Es empfiehlt sich, diesen Kristall abends vor dem Zubettgehen entsprechend zu programmieren.

Anhang I

Die Steine in alphabetischer Reihenfolge

Achat (allgemein): Stein, der die Integration der verschiedenen Daseinsebenen (physische, emotionale, geistige und spirituelle) begünstigt; hilfreich in Situationen, in denen man sich entwurzelt oder dezentriert fühlt (beispielsweise auf Reisen).

Amazonit: Kryptokristalliner Stein, zartgrün und durchscheinend; idealer Stein zum Abbau von Streß und seinen Folgeerscheinungen; wirkt beruhigend auf das Nervensystem.

Amethyst: Nützlich für Veränderungen aller Art; symbolisiert den alchimistischen Umwandlungsprozeß auf der physischen und spirituellen Ebene; befreit von schlechten Gewohnheiten wie Trunksucht, Drogenmißbrauch, Bulimie; exzellenter Schutzstein, wenn er über dem spirituellen Plexus getragen wird; wirkt positiv auf das zentrale Nervensystem ein; Meditationen mit dem Amethyst bringen Klarheit in bezug auf die sexuelle Veranlagung; wertvolle Ergänzung zur Musiktherapie; entwickelt das innere Bewußtsein; hilft bei psychischen Abhängigkeiten und Störungen, vor allem bei Depressionen; nicht anwenden bei hyperaktiven, autistischen, schizophrenen oder sehr engstirnigen Menschen (siehe Citrin).

Aquamarin: Hellblauer bis meergrüner Stein zur Beruhigung, Entspannung und Linderung von Erregungszuständen, Infektionen und Schmerzen; wirkt auch sehr gut bei Halsbeschwerden und Einschlafschwierigkeiten; fördert zwischenmenschliche Beziehungen und Aussöhnungen; dient der Wahrheitsfindung; hilfreich bei Prostatabeschwerden.

Azurit: Darf nicht für die Zubereitung von Essenzen verwendet werden, da er Sulfid freisetzt; hilfreich bei Knochenkrebs, Tendinitis und Knochenbrüchen; lindert Gliederschmerzen und Schmerzen an der Wirbelsäule.

Bergkristall: Farbloser, durchscheinender Kristall, in reicher Auswahl erhältlich und therapeutisch am meisten verwendet; zieht positive Ionen an und strahlt negative Ionen ab; fördert Klarheit und Willenskraft; wirkt als Katalysator bei der Entfaltung des menschlichen Potentials auf allen Seinsebenen; wirkt als Schutzstein, wenn er über dem spirituellen Plexus (an der Spitze des Brustbeins) getragen wird; befreit von Besessenheit und geistiger Verwirrung und wehrt psychische Attacken ab; heilt und harmonisiert den Ätherkörper; dämpft die vorzeitig geweckte Kundalini; erweitert das Bewußtsein für Licht und Feuer im Körper; symbolisiert das reine gegenstandslose Bewußtsein und die Welt der Reflexionen; schenkt angenehme Träume mit Göttern und Göttinnen.

Bernstein: Versteinertes Harz von Nadelbäumen mit schmerzlindernder Wirkung auf zahnende Kleinkinder; harmonisiert Yin und Yang (männliche und weibliche Energien); fördert die Imagination und Visualisation innerer Landschaften.

Chrysokoll: Weist die gleichen Heileigenschaften wie der Türkis auf; beseitigt Ängste, die sich im Bereich des Solarplexus festgesetzt haben; hilft, die unbegrenzte Weite des kosmischen Bewußtseins in den normalen Wachzustand des Geistes zu integrieren.

Chrysopras: Wirkt über den Sehnerv (beim Betrachten des Steins) stimulierend auf das Gehirn und fördert dadurch die Geistesgegenwart; hilfreich bei Neurosen, Psychosen, Schizophrenie u. a.

Citrin: In Anlehnung an die listige Wesensart des Kojoten auch Kojotenstein genannt, weil er selbst bei starrköpfigen und behandlungsunwilligen Menschen wirkt; hilft bei krankhaften psychischen oder geistigen Blockaden (Weigerung, andere Realitäten anzuerkennen) oder körperlicher Art (zum Beispiel Ödeme in der Lunge); sehr wirksam bei starrköpfigen Menschen; reinigt das 5. Energiefeld; Therapie stets mit dem braunroten Madeiracitrin beginnen und mit dem Goldcitrin abschließen; entschlackt den Körper und beseitigt Energieblockaden, insbesondere in den unteren Chakras; wertvoller Heilstein bei Asthma, psychosomatischen Krankheiten und traumatisch bedingten Leiden.

Coelestin: Sehr wirksam bei Migräne und Kopfschmerzen; wirkt als Tinktur beruhigend, lindert Schmerzen, Infektionen und Fieber.

Diamant: Symbol für das Göttliche, die Einheit, den himmlischen Vater, die Treue, die Wahrheit, die Kraft, den unbezähmbaren Mut, die absolute Heiligkeit; wirkt als mächtiger Verstärker.

Dioptas: Hilft bei Bluthochdruck und bei der Parkinsonschen Krankheit.

Goldcitrin: Löst Blockaden und fördert die Ausscheidung von Giftstoffen in den unteren Chakras; hilft, Angst umzuwandeln; gewährt Zugang zu anderen Bewußtseinsebenen und fördert die Hellsichtigkeit; besitzt die Heileigenschaften des Madeiracitrins, nur in abgeschwächter Form; löst bei Arthritis die Kalziumablagerungen in den Gelenken auf.

Granat: Strahlt nur in geschliffener Form seine heilenden Energien aus; dieselbe Wirkungsweise wie der Rubin, nur in abgeschwächter Form; Behandlung mit dem Granat einleiten und dann zum Rubin übergehen; wirksam bei Anämie, Lähmungen und Krebs (nach der Behandlung mit Granattinktur mit Smaragdtinktur für Ausgleich sorgen); ein Stein, der voller Geheimnisse steckt!

Hämatit: Ein in der heutigen Zeit sehr beliebter Stein, da er das Anhaften an materiellen Gütern verkörpert.

Heliotrop: Grüner Stein mit roten Punkten, auch Blutjaspis genannt; stillt Blutungen und entzieht dem Körper Gifte (zum Beispiel nach einem Schlangenbiß); wirkt zuweilen auch schmerzlindernd; wird normalerweise direkt auf die betroffene Stelle aufgelegt; hilfreich bei Lebererkrankungen.

Herkimer-Diamant: Der richtige Stein zum Träumen; begünstigt außerkörperliche Erfahrungen und dient somit der Bewußtseinscrweiterung; nicht beim Autofahren zu gebrauchen oder wenn erhöhte Wachsamkeit und Konzentration gefordert sind; Elixiere werden leicht überdosiert; Vorsicht, keine Schmuckstücke aus diesen Quarzkristallen tragen!

Jaspis, grün: Stellt den verlorengegangenen Kontakt zur Natur und zu Mutter Erde wieder her; hilft bei Übelkeit.

Karneol: Orangefarbener Stein aus der Familie der Quarze zur Auflösung von Blockaden im Halschakra; bei Ausdrucksschwierigkeiten den Stein um den Hals tragen; sehr hilfreich bei chronischen Lungenerkrankungen und bei Lungenentzündung; verbessert die Kommunikationsfähigkeit und lädt den Ätherkörper energetisch auf.

Koralle, rot: Regt das Wachstum der Knochenzellen an; wirksam bei Knochenbrüchen und Knochenkrebs.

Labradorit: Ein Stein, der noch viele Geheimnisse birgt; man weiß bis heute, daß er den Zugang zu höheren Formen des Daseins erschließt, gleichzeitig aber auch Kontakt zur Wirklichkeit und der physischen Welt hält; er erweckt Illusionen bei denen, die sich mit zweifelhaften Absichten auf die Suche machen; die Arbeit mit diesem Stein erfordert größte Wachsamkeit.

Malachit: Löst die Ängste, die in den Bereich des Solarplexus verdrängt worden sind; stärkt die Milz und die Bauchspeicheldrüse; harmonisiert das Familienleben.

Mondstein: Verkörpert die Große Göttin, das Mitgefühl und das weibliche Prinzip; hilfreich bei männlichem Chauvinismus, Menstruationsbeschwerden und Sterilität.

Moosachat: Begünstigt die Arbeit im Pflanzenreich; vorteilhaft für Landwirte, Kräuterhändler, Gärtner und so weiter; fördert die Kommunikation mit den Devas der Pflanzen.

Opal: Vorherrschendes Element (wie beim Perlmutt) ist Wasser; Achtung, keinen Feueropal verwenden, wenn gezielt mit dem blauen Strahl gearbeitet werden soll; stärkt die weiblichen Aspekte eines Menschen.

Peridot: Wirkt ebenso anregend wie ausgleichend, da er sowohl den gelben als auch den grünen Strahl in sich vereinigt; hilfreich bei Depressionen, Verstopfung, Geschwüren, Diabetes und Prostatabeschwerden, auch bei Nerven- und Herzleiden; wirkt ausgleichend; in Gold gefaßt symbolisiert er den Sieg des Guten über das Böse; hilfreich bei Menschen, die gelegentlich unter Alpträumen leiden.

Perle: Schützt Frauen vor perversen Gedanken, die manche Männer aussenden; verkörpert die weiblichen Eigenschaften der Frau und das Element Wasser.

Pyrit: Auch Katzengold genannt; ist aufgrund seiner symmetrischen Anordnung hübsch anzusehen (Nippes); wird nicht als Schmuck getragen; unterstützt (beim Visualisieren) die Blutbildung bei Anämie oder Eisenmangel; guter *Vermögensverwalter*.

Rauchquarz: Bewirkt ein stabiles Gleichgewicht (solides Fundament); hilft bei Hyperaktivität; fördert den Kontakt mit Mutter Erde und der Welt; erdet *abgehobene* Menschen.

Rosenquarz: Hilfreich bei allen physischen und emotionalen Herzbeschwerden; wirkt beruhigend, besänftigend und entspannend auf unruhige Babys und hyperaktive Kinder; empfehlenswert für alle Löwegeborenen, vor allem, wenn sie sich schwach und verwundbar fühlen.

Rubin: Verbessert die Blutzirkulation; hilft bei Anämie und Leukämie; vermehrt das Hämoglobin; fördert die Verdauung; erhöht die Körpertemperatur; reguliert den Energiehaushalt des Körpers (bei Müdigkeit, Erschöpfung); Rubintinktur wird leicht überdosiert; daher mit Vorsicht verwenden und die Behandlung mit Smaragdtinktur abschließen.

Saphir (das heißt, der dunkelblaue und der indigofarbene Korund, einschließlich des Sternsaphirs): Fördert den Schlaf; hilft bei Erkrankungen der Augen, der Ohren, der Nase, des Halses, bei grauem Star, Entzündungen, Gebärmuttertumoren, Ausschlag, Akne und allen Lungenerkrankungen; fördert die Erkenntnis und die Weisheit; wirkt reinigend; wehrt Strahlungen ab; Saphirtinktur nicht in Augen, Ohren und Nase tropfen!

Smaragd: Stärkt schwache Nerven; wirkt harmonisierend und ausgleichend (wie alle grünen Steine); hilfreich bei Herzbeschwerden auf physischer wie auf emotionaler Ebene; blutdrucksenkend; reguliert den Blutzuckerspiegel; Smaragdtinktur wird im Anschluß an eine Behandlung mit Rubin- oder Granattinktur verabreicht; fördert die Harmonie.

Tierische Substanzen: Tierische Substanzen senden die Frequenzen und Schwingungen der jeweiligen Tiere aus.

Topas (die goldgelbe Varietät, auch Goldtopas genannt): Der ideale *Tarnstein*; ermöglicht unbemerktes Passieren, wenn er in der linken Hand gehalten wird; Symbol des Sonnengottes; beruhigt die Nerven, steigert die Kreativität und stärkt das Bewußtsein.

Türkis: Der älteste Schmuck- und Schutzstein; wurde bereits sechstausend Jahre vor unserer Zeit von den alten Ägyptern gewonnen; die nordamerikanischen Indianer benutzen ihn ebenfalls seit Menschengedenken; der opake Stein verkörpert das Element Himmel und die spirituellen Eigenschaften; findet im Vergleich zu früher heute weniger Verwendung (siehe Chrysokoll); wird zu einem starken Schutzstein, wenn er das Geschenk eines Freundes ist.

Turmalin, grün: Wirkt ausgleichend, harmonisierend und beruhigend; hilfreich bei Herz- und Kreislaufbeschwerden; löst Blutgerinnsel auf; reguliert den Blutdruck.

Turmalin, rosa, mit grünem Rand: Fördert das Gleichgewicht der lunaren und solaren Kräfte im Körper (Yin und Yang); schützt den physischen Körper vor Strahlungen, indem er durch sein elektromagnetisches Feld die sich um den Organismus bewegenden Elektronen umlenkt und dadurch die überschüssige Radioaktivität eliminiert.

Anhang II

Räucherungen

Die nordamerikanischen Indianer verbrennen zu Reinigungszwecken Salbei, Zedernholz und Süßgras. Dieses Ritual vollziehen sie zum Beispiel vor der sexuellen Vereinigung, vor einer Versammlung oder bevor sie auf die Jagd gehen. Sie reinigen auch den Raum, in dem sie schlafen, damit sie angenehme Träume haben, oder das elektromagnetische Feld des Kranken vor einer Heilbehandlung. Oh Shinnah ging es darum, diese Reinigungsmethode wissenschaftlich nachzuweisen. Sie wollte wissen, warum alle nordamerikanischen Indianerstämme an diesem Ritual festhalten. Bei ihren Laboruntersuchungen fand sie heraus, daß der Rauch von Salbei, Zeder und Süßgras die positiven Ionen in der Luft anzieht und nach draußen leitet. Also nicht vergessen, beim Entzünden von Räucherwerk das Fenster zu öffnen. Bei geschlossenen Fenstern und Türen ist es nicht möglich, die negativen Elemente aus dem Raum zu vertreiben und einen Energieaustausch vorzunehmen, denn es gibt keinen Platz, wohin sie entweichen können.

Das positive Ion aus dem Molekül der Luft ist das elektrisch geladene Teilchen, das Ihrer Gesundheit abträglich ist. Es ist zum Beispiel in stark verschmutzten oder längere Zeit nicht gelüfteten Räumen anzutreffen. Das negative Ion dagegen ist der Gesundheit förderlich. Nach einem Gewitter ist es im Überfluß vorhanden, weil durch die Blitze Milliarden von negativen Ionen an die Luft abgegeben werden. Deshalb ist die Luft nach einem Gewitter so belebend. Negative Ionen finden sich auch in großer Anzahl in Nadelwäldern, über dem Meer und in Meeresnähe. Es sind derzeit Luftreiniger auf dem Markt, sogenannte Ionenaustauschgeneratoren, die negative Ionen erzeugen und somit die Luftverunreinigung eindämmen. Die negativen Ionen neutralisieren die positiven Ionen, die die Verunreinigungen als Schwebstoffe in der Luft halten und sich auf dem Boden oder auf umliegenden Flächen absetzen. An den Wänden und auf den Gegenständen rund um das Gerät kann man die Schmutzablagerungen deutlich sehen. Das indianische Räucherwerk verzehrt die positiven Ionen, und übrig bleiben die negativen. Es ist somit wissenschaftlich erwiesen, daß das Entzünden von Salbei, Zedernholz und Süßgras die unerwünschten Ionen oder *bösen Geister* vertreibt. Wir stellen die Hypothese auf, daß alle groben, negativen, unheilvollen oder schädlichen Energien für den Weitertransport einen Träger brauchen, und dieser Träger ist das positive Ion in der Luft. Energien wie Neid, Eifersucht, Wut und Haß bedienen sich der positiven Ionen, um sich auszubreiten. Daher ist es ratsam, seine nähere Umgebung von Zeit zu Zeit mit dem duftenden Rauch von Salbei, Zeder und Süßgras zu reinigen. Ob Sie dafür nur eine der genannten Pflanzen oder eine Mischung aus zweien oder allen dreien verwenden, spielt keine Rolle. Mit meinen Schülern vollziehe ich diese Räucherzeremonie mindestens zweimal täglich, und zwar morgens und abends jeweils vor der Meditation. Auch bei der einer Kristallbehandlung vorausgehenden Auradiagnose ist das Entzünden von Räucherwerk immer der erste Schritt. Gewöhnlich steht die zu behandelnde Person dabei aufrecht im Raum, während wir Räucherstäbchen entzünden und ihr diese vor und hinter die Füße halten, damit der duftende Rauch bis zum Kopf und zum Rücken aufsteigen kann. Durch diese Vorabreinigung wird das elektromagnetische Feld geklärt und die eigentliche Behandlung wesentlich erleichert. Alles, was der Klient tagsüber erlebt hat, ist wie weggeblasen. Und Sie selbst werden nicht die Energien speichern, die der Klient während der Heilsequenz freisetzt.

In Nordamerika haben sich Salbei, Zeder, Kiefer und Süßgras als Räucherwerk für die Reinigung bewährt. Dort, wo man lebt, muß man sich mit den Örtlichkeiten in Einklang bringen. Wenn Sie ein glückliches und einflußreiches Leben führen wollen, versteht es sich von selbst, daß Sie in Einklang mit den natürlichen Gegebenheiten Ihrer Umgebung leben. Seit Jahrtausenden bestehen geographische Vereinbarungen mit der spirituellen Welt. Aus diesem Grund reagiert der Geist an bestimmten Orten auf bestimmte Dinge entsprechend dieser Übereinkunft.

Wenn Sie umziehen, sollten Sie als erstes ihr neues Domizil ausräuchern, weil Ihre Vormieter oder Vorbesitzer dort Gedanken und Gefühle hinterlassen haben, die Sie nicht kennen. Sogar das Holz oder die Steine, die beim Hausbau verwendet wurden, sind von den Schwingungen der Arbeiter durchsetzt. Aus diesem Grund müssen Sie eine Reinigung der Örtlichkeiten vornehmen. Öffnen Sie in jedem Zimmer eine Tür und ein Fenster. Dazu gehen Sie an der Wand entlang und verlassen den Raum wieder durch die geöffnete Tür; Sie kommen praktisch am Ausgangspunkt wieder an. Beim Abschreiten der Räume muß darauf geachtet werden, daß der reinigende Rauch in alle Zimmerecken gelangt, weil sich bestimmte Energien gern in den Ecken festsetzen. Früher, als die Behausungen noch rund oder kegelförmig waren, konnte die Energie besser zirkulieren, da sie sich von Natur aus spiralförmig bewegt. Vergessen Sie nicht, auch die Schränke, Schubladen, Wandschränke und andere Möbel zu reinigen. Anschließend können Sie die Fenster wieder schließen. Es ist ratsam, das Haus alle drei bis vier Monate auf diese Art und Weise von negativen Einflüssen zu reinigen. Bei den nachfolgenden Reinigungszeremonien muß allerdings nicht so gründlich vorgegangen werden; es reicht, wenn Sie sich auf die Räumlichkeiten beschränken, in denen Sie sich vorwiegend aufhalten, wo Sie meditieren oder Heilbehandlungen durchführen.

Beim Betreten eines Hotel- oder Motelzimmers spüre ich fast immer irgendwelche Fremdenergien. Deshalb habe ich mir folgende Reinigungsmethode angewöhnt: Ich zünde ein Räucherstäbchen an, öffne die Tür und ein Fenster und schreite dann das Zimmer ab. Wenn ich damit fertig bin, haben sich die Energien im Raum neutralisiert und ich fühle mich wohl. Diese Methode ist sehr wirksam und wärmstens zu empfehlen.

Ich brenne das Räucherwerk stets in einer echten Muschelschale ab. Traditionsgemäß wird die Schale von Abalonen verwendet, denn sie ist sehr hitzebeständig. Jede andere Muschelschale tut es aber auch. Die Muschelschale, eine natürliche, unbearbeitete Substanz, verkörpert das Element Wasser. Im alchimistischen Umwandlungsprozeß des Räucherns sind alle vier Elemente gegenwärtig: die Schale aus dem Meer symbolisiert das Wasser; das Zündholz, das das Räucherstäbchen entfacht, das Feuer; die Pflanzen und die Asche die Erde und der Rauch die Luft.

Anhang III

Die Härte der Steine

In der Gesteinskunde wird seit 1822 mit der Härteskala des deutschen Mineralogen Friedrich Mohs gearbeitet. Nach dieser Skala sind die Mineralien in zehn Härtestufen eingeteilt. Ein Stein hat entweder dieselbe Härte wie ein Glied der Skala, oder er ist weicher als das eine und härter als das andere Vergleichsmaterial. Glas beispielsweise, das eine Härte von 5,5 hat, kann von einem Diamanten (Härte 10), einem Rubin (Härte 9), einem Quarz (Härte 7) geritzt werden. Der Diamant, der an der Spitze der Mohsschen Skala steht, kann alle anderen Mineralien ritzen.

Dazu eine Liste der wichtigsten Steine und ihre entsprechenden Härtegrade:

Stein	Härte
Steatit	1
Bernstein	2
Koralle	3
Flußspat	4
Türkis	5
Opal	6
Quarz	7
Topas	8
Saphir	9
Diamant	10

Anhang IV

Die Symbolik der Planeten

Die Wechselwirkung zwischen den Planeten und Sternen und dem Mineralreich ist immens. Man kann sich die Planeten als sphärische Riesenkristalle vorstellen, die sich aus einer Vielzahl von Mineralien zusammensetzen. Jeder hat sein eigenes Gepräge und durch die menschliche Psyche im Laufe der Jahrhunderte eine tiefe Symbolik erlangt. Fest steht, daß von diesen Planeten Schwingungen ausgehen, die sowohl Menschen als auch Steine konkret beeinflussen. Leider läßt sich dieser Einfluß nur sehr schwer messen, es sei denn, man nimmt Sonne und Mond, die durch ihre Nähe zur Erde und ihr sichtbares Erscheinen am Himmel einen starken Einfluß auf das pflanzliche, tierische und menschliche Leben haben. Zahlreiche Kristalle entstammen den Brüdern und Schwestern von Mutter Erde.

Sonne

Die Sonne ist der Lebensspender schlechthin. Mit ihrer Wärme und ihrem Licht belebt sie alle Lebewesen auf der Erde und im Sonnensystem. Die Sonne symbolisiert das göttliche Feuer, den himmlischen Vater und die Willenskraft. Sie ist eine unerschöpfliche Batterie, an der wir alle unsere Seinsebenen aufladen können. Sie ist wie der Heiland, der seine Liebe auf alle Menschen verteilt. Sie weist den Weg zu Wissen und Weisheit. Im Mineralreich findet sie ihre Entsprechung im Gold, im Topas und im Rubin. Im Körper wird ihr das Herz und das Blut zugeordnet. Als Charaktereigenschaften entsprechen ihr Treue, Mut,

Güte, Großzügigkeit und Freiheit. Alle Steine unterstehen dem Einfluß der Sonne. Fällt das Sonnenlicht direkt auf einen Stein, verstärken sich seine solaren Eigenschaften. Wenn durchsichtige und durchscheinende Steine zu Schmuck verarbeitet werden, ist es ratsam, unten in der Fassung des Schmucksteins eine Öffnung zu lassen, damit die Sonnenstrahlen ungehindert über die Haut in den Körper eindringen können. Auf diese Weise wird die Sonnenenergie prismenförmig gelenkt und der Sonnenstrahl mit der mineralischen Schwingung *eingefärbt, imprägniert*.

Mond

Der nächtliche Himmelskörper strahlt besänftigende, kühle und geheimnisvolle Frische aus. Der Mond wird mit Imagination, Schwangerschaft, Wasser, weiblichem Menstruationszyklus, Intuition, Fruchtbarkeit und üppigem Gedeihen der Natur in Verbindung gebracht. Er verkörpert die leere Form, die dem solaren Geist Gestalt gibt. Er ist die Leere, das Unbewußte, worin man die schemenhaften und unvollendeten Formen nur erahnen kann. Der Himmelskörper spiegelt das Instinktive und Emotionale der irdischen Reiche wider. Ihm gelingt es, die schöpferischen Kräfte, die in einem Stein, einer Pflanze, einem Vogel oder einem Menschen am Werk sind, zu materialisieren, zu verstärken und aufzubauen. Der Mond ist die Ergänzung zur Sonne. Seine Schönheit und sein Licht begünstigen friedvolles und harmonisches Meditieren.

Die nordamerikanischen Indianer nennen den Mond zärtlich *Großmutter*, weil er wie eine Hebamme über alles wacht, was mit der Geburt zusammenhängt.

Die vom Mond beeinflußten Steine wirken harmonisierend auf das Gefühlsleben und die körperlichen Zyklen. Werden die Steine dem Mondlicht ausgesetzt, liefern sie bei einem gezielten therapeutischen Einsatz im Zusammenhang mit Mondeigenschaften zusätzliche Energie. Allerdings ist bei diesem Verfahren größte Vorsicht geboten, vor allem, wenn der Klient psychisch labil ist. Die Farbe des Mondes ist opalisierend. Im Mineralreich werden ihm der Mondstein, die Perle und das Silber zugeordnet.

Mars

Der rote Planet gilt als der Krieger, der den Herausforderungen und Hindernissen mit Kraft und Entschlossenheit entgegentritt. In der römischen Mythologie war Mars der Gott des Krieges. Der Planet Mars steht für Tatendrang. Er verkörpert die kämpferischen, zerstörerischen und besitzergreifenden Kräfte des Männlichen. Im körperlichen Bereich regelt Mars den Blutkreislauf und die Milztätigkeit. Stimulation, Energie, Fortschritt, Aggressivität, Impulsivität, Schnelligkeit und Führungsqualitäten werden mit Mars in Verbindung gebracht. Zu den negativen Einflüssen des Mars auf den Menschen gehören Verschwendungssucht, Jähzorn, Egoismus und Gleichgültigkeit gegenüber den Mitmenschen. Der Mars gleicht einer verblaßten Sonne. Seine Zuordnungen im Mineralreich sind der Karneol, der Granat und das Eisen. Farblich entspricht ihm das Dunkelrot.

Venus

Die Geliebte des Mars ist die schöne und sanfte Venus, die Göttin der Schönheit. Venus verkörpert alles Schöne, alles Natürliche, die feinen Unterschiede, die Künste, Sinnlichkeit, körperliche Liebe, Muttergefühle, Scharfsinn, Sanftheit und Mitgefühl. Sie bringt uns wieder auf den *Geschmack* (was die kulinarischen Genüsse angeht), lehrt uns Kultur und Raffinesse, zärtliche Gefühle und höfische Liebe. Sie ist der weibliche Körper, der über sich selbst hinauswächst durch die Heftigkeit der Begierde, die er im Manne erzeugt. Die Venus ist der Morgenstern und unser Schwesterplanet. Die von Venus beeinflußten Steine wirken ausgleichend und harmonisierend. Als Mineralien sind ihr der Aquamarin, der Amethyst und das Kupfer zugeordnet.

Merkur

Merkur ist der überaus wendige Götterbote, der in der linken Hand den Äskulapstab trägt, der das Sinnbild der Heilkunst geworden ist. Merkur ist lebhaft, schnell, beweglich und übermütig. Er repräsentiert Klarheit, guten Geschmack, Redegewandtheit, Scharfsinn und Kunstsinn. Reisende, Händler, Musiker und Mediziner sind typische Merkurmenschen von lebhafter Wesensart. Merkur entwickelt die vernunft- und verstandesmäßigen Fähigkeiten des Menschen, fördert seine Anpassungsfähigkeit, beflügelt seinen Erfindergeist, läßt aber auch List und oberflächliche Gefühle aufkommen. Merkur ist die Triebfeder der Evolution; er bringt den Menschen immer wieder dazu, seinen Horizont zu erweitern. Im mineralischen Bereich findet er im Citrin, im Opal und im Quecksilber seine Entsprechung. Seine schillernden und wechselhaften Farben sind genauso flexibel wie er selbst.

Jupiter

Jupiter, der größte Planet unseres Sonnensystems, ist nach der altrömischen Mythologie der König, der Vater aller Götter. Er ist Sinnbild für Expansion, Autorität, materiellen und spirituellen Reichtum, Macht, Einfluß, Großzügigkeit und Gerechtigkeit. Jupiter verkörpert den

Führer und den Richter. Die Steine, die seinem Einfluß unterliegen, regen den Kreislauf, das Nervensystem und die Atmung an und beflügeln Körper und Geist aufgrund der vielen von ihnen ausgehenden Impulse. Im körperlichen Bereich beherrscht Jupiter die Leber. Die ihm zugeordneten Steine sind der blaue Granat und der Amethyst und als Metall das Zinn. Königsblau ist die ihm zugehörige Farbe.

Saturn

Der Saturn hat eine zusammenziehende, einschränkende und kristallisierende Wirkung. Es heißt, daß die Hüter des Karma den Planeten Saturn bewohnen. Saturn ist das Schicksal und der Gesetzeshüter. Er sorgt für Ordnung und Disziplin, schenkt Gelassenheit und Gleichmut. Saturn regiert und stabilisiert unser Sonnensystem. Er ist der Lehrmeister und Dirigent. Die *saturnischen* Eigenschaften der Härte, Trägheit und Kristallisation spiegeln sich auch im Mineralreich wider. Alle Edelsteine unterliegen dem Einfluß von Saturn. Seine mineralischen Zuordnungen sind der Saphir, der Obsidian und das Schwermetall Blei. Die ihm zugeordnete Farbe ist das Violett.

Uranus

Uranus, das ist der Blitz, der einschlägt und alles zerschmettert. Uranus setzt die Energien frei, die wir heute für die Transformation der von Aggression und Feindseligkeit gekennzeichneten *Mars*-Gesellschaft benötigen. Uranus ist der Planet des Wassermannzeitalters. Er erweckt, befreit und mobilisiert. Er ist unberechenbar und irrational. Er steht für Entdeckungen, Erfindungen und Intuition. Benannt wurde er nach Urania, der Göttin der Astronomie. Seine mineralischen Entsprechungen findet er im Quarzkristall, im Azurit und im Uran. Die ihm zugeordnete Farbe ist Weiß.

Neptun

Der Neptun wird eine Oktave höher eingestuft als die Venus. Er ist der mystische Planet, benannt nach dem Gott der Feuchtigkeit, des fließenden Wassers und der Meere. Neptun steht für das Traumerleben, die Erleuchtung, das Opfer und den Glauben, symbolisiert aber auch Illusion, Wunder, Drogen, Neurosen und Gefangenschaft.

Neptun unterstützt die Opferbereitschaft und fördert die spirituellen Fähigkeiten und Wahrnehmungen. Die ihm zugeordneten Steine sind der Labradorit und die Jade, als Farbe entspricht ihm Indigo.

Pluto

Der erst 1930 entdeckte Planet ist der entfernteste aller bisher bekannten Planeten des Sonnensystems. Der geheimnisvolle Planet ist nach dem Herrscher der Unterwelt benannt und wirkt wie dieser in der Finsternis. Seine zerstörerische Komponente wirkt reinigend. Pluto steht für die Sexualität, das Verborgene, die okkulten Mächte und die Initiation. Seine regenerierenden Kräfte sind so gewaltig, daß sie sowohl zerstörerisch als auch aufbauend wirken, wenn sie auf Opposition oder Widerstand stoßen. Durch Umwandlung der negativen Kräfte versucht er eine lichtere spirituelle Welt zu erschaffen, auch wenn ihm die Menschen wenig dabei helfen. Seine mineralischen Entsprechungen findet Pluto im schwarzen Turmalin und im Plutonium. Die ihm zugeordnete Farbe ist Schwarz.

Anhang V

Monatssteine und synthetische Steine

Bei der Zuordnung der Edelsteine zu den zwölf Tierkreiszeichen spielen wirtschaftliche Gründe eine größere Rolle als energetische. Die entscheidende Initiative ging mit Sicherheit vom Handel aus, um dem unentschlossenen Käufer bei der Auswahl eines Schmucksteins behilflich zu sein. Deshalb mein Rat: Verlassen Sie sich beim Kauf eines Edelsteins mehr auf Ihre Intuition als auf diese willkürlichen Zuordnungen zu den einzelnen Monaten des Jahres. Bei genauerem Hinsehen werden Sie feststellen, daß es unterschiedliche Listen gibt. Nicht immer werden dieselben Steine den jeweiligen Sternzeichen beziehungsweise Monaten zugeordnet.

Synthetische Steine

Die Fortschritte auf dem Gebiet der Wissenschaft und Technik machten es möglich, die physikalischen und chemischen Bedingungen nachzuahmen, die zur Bildung eines Kristalls führen. Die Industrie ist mittlerweile in der Lage, die meisten Edelsteine synthetisch herzustellen, unter anderem den Diamanten, den Rubin, den Saphir, den Quarzkristall und den Smaragd. Im industriellen Bereich erweist sich dieses Verfahren als überaus nützlich. So können zum Beispiel aus synthetischen Diamanten oder Saphiren haarscharfe Sägen zu erschwinglichen Preisen hergestellt werden. Auch in der Elektronik finden die synthetischen Produkte Verwendung, da sie im Vergleich zu echten Steinen erheblich preiswerter sind.

Ein echter Edelstein benötigt sehr viel länger, um im Inneren der Erde heranzuwachsen. Sein langsames Wachstum und die unzähligen irdischen und kosmischen Energien, die während seiner Kristallisation auf ihn einwirken, tragen entscheidend zu seiner energetischen Struktur bei. Ein Stein kann nur dann seine ganze Heilkraft entfalten, wenn er langsam im Schoß von Mutter Erde herangereift ist. Nun werden Sie verstehen, warum synthetische Steine nicht für eine Heilbehandlung in Frage kommen.

Anhang VI

Die heilenden Elixiere von Oh Shinnah

Die heilenden Elixiere sind Edelsteintinkturen, die Oh Shinnah in einer siebentägigen Zeremonie nach einem Rezept ihrer Urgroßmutter herstellt. Diese Rezeptur vermag die energetische Ladung der Steine dauerhaft aufrechtzuerhalten. Das ist wissenschaftlich erwiesen. Die Konservierung der Tinkturen ist zum Teil auf die Zugabe von Alkohol zurückzuführen.

Die folgenden Empfehlungen sind rein informatorisch, um Ihnen bei der Auswahl behilflich zu sein. Sie haben einen fundierten empirischen Hintergrund, ersetzen aber keinesfalls das beratende Gespräch mit Personen, die die Zulassung zur Ausübung von Heilberufen besitzen. Folgende Tinkturen sind derzeit erhältlich:

Dosierung der Tinkturen: Vier bis acht Tropfen dreimal täglich oder nach Bedarf unter die Zunge geben. Vorsicht, bei den Zubereitungen mit Rubin, Granat und Herkimer-Diamant besteht die Gefahr der Überdosierung.

Amethyst: Zur Entwicklung des nach innen gerichteten Bewußtseins; begünstigt Umwandlungsprozesse; hilft, Abhängigkeiten und psychische Störungen in den Griff zu bekommen, insbesondere Depressionen; Gegenanzeigen: hyperaktive Personen, Schizophrene, Autisten und sehr starrköpfige Menschen.

Aquamarin: *Wasserstein* mit beruhigender und lindernder Wirkung bei Erregungszuständen, Infektionen und Schmerzen; auch wirksam bei Halsbeschwerden und Schlaflosigkeit.

Coelestin: Wirksam bei Kopfschmerzen und Migräne; innerlich und äußerlich anzuwenden; für den äußerlichen Gebrauch die Stirn damit einreiben; Tinktur mit beruhigender Wirkung zur Linderung von Schmerzen, Infektionen und Fieber.

Citrin: Hilfreich bei Blockaden mentaler Art (Weigerung, andere Realitäten anzuerkennen) sowie körperlicher Art (Ödeme, Durchblutungsstörungen); hilft Giftstoffe auszuscheiden und Energieblockaden zu beseitigen, vor allem in den unteren Chakras.

Goldcitrin: Löst Blockaden in den unteren Chakras; wandelt die Angst um; gewährt Zugang zu anderen Bewußtseinsebenen und fördert dadurch das Hellsehen.

Karneol: Heilkräftige Tinktur gegen chronische Lungenleiden und Halsbeschwerden; verbessert die Kommunikationsfähigkeit; lädt den Ätherkörper energetisch auf.

Smaragd: Wirkt ausgleichend; hilft bei physischem und emotionalem Herzleiden; senkt den Blutdruck; reguliert den Blutzuckerspiegel; empfohlen nach der Einnahme von Rubin- oder Granattinktur zur Krebsbehandlung.

Granat: Starker Energieträger, jedoch sanfter als der Rubin; wirksam bei Anämie, Lähmung und Krebs (nach der Einnahme von Granattinktur überschüssige Energie mit Smaragdtinktur neutralisieren).

Herkimer-Diamant: Der *Traumstein*; fördert außerkörperliche Erfahrungen; hilfreich bei Geburten oder Neubeginn; nicht beim Autofahren einnehmen oder wenn Wachsamkeit und Konzentration gefordert sind; wegen Gefahr der Überdosierung Tropfenmenge nur allmählich erhöhen.

Mondstein: Verkörpert die Kraft des Mondes und das weibliche Prinzip; hilft gegen männlichen Chauvinismus; zur Behandlung von Menstruationsbeschwerden und Unfruchtbarkeit.

Peridot: Wirkt ausgleichend und harmonisierend; zur Behandlung von Diabetes und Nerven- und Herzleiden.

Rosenquarz: Heiler des Herzens auf physischer und emotionaler Ebene; beruhigt hyperaktive Kinder; günstig für alle *Löwe*-Menschen, insbesondere, wenn sie sich unsicher fühlen.

Rubin: Starker Energieträger, aktiviert den Kreislauf und erhöht die Körpertemperatur; kann leicht überdosiert werden; mit Vorsicht zu gebrauchen, anschließend mit Smaragdtinktur ausgleichen.

Saphir: Führt zu Erkenntnis und Weisheit; anzuwenden bei Erkrankungen von Augen, Ohren, Nase und Hals (nicht in die Augen, Ohren oder Nase tropfen); neutralisiert Strahlungen, fördert das Einschlafen.

Rauchquarz: Sorgt für eine solide Grundlage; hilft bei hyperaktivem Verhalten; hilfreich für alle, die den Kontakt zur Erde und zur Realität suchen.

Turmalin: Wirkt ausgleichend und harmonisierend; beruhigt und stärkt das Herz und den Kreislauf; löst Blutgerinnsel auf.

Wenn Sie die Tinkturen bestellen möchten, schreiben Sie
bitte auf französisch an die folgende Adresse:

Pédagogies Alternatives
85, Loretteville
Quebec
Kanada G2B 3W6

oder auf englisch an:

Oh Shinnah
c/o Bobbi Tyler
Four Directions
8840 SW 118th Street
Miami, Florida
USA 33176

Bibliographie

Flanagan, Patrick und Gael-Crystal: *Elixir of the Ageless*. Vortex Press, Flagstaff 1986.

Hehaka Sapa: *Les rites secrets des indiens sioux*. Petite bibliotheque Payot, Paris 1975.

Krieger, Dolores, Dr. phil.: *The Therapeutic Touch*. Prentice-Hall Inc., New York 1979 (deutsche Ausgabe erscheint im Verlag Hermann Bauer im Herbst 1995).

Nordwald Pollock, Maud: *Vom Herzen durch die Hände. Bedingungslose Liebe und Therapeutic Touch*. Verlag H. Bauer, Freiburg 1994

Sun Bear & Wabun: *Das Medizinrad. Eine Astrologie der Erde*. Dianus Trikont Buchverlag, München 1981.

Ywahoo, Dhyani: *Voices of our Ancestors*. Shambhala Publications Inc., Boston 1987.

Verlag Hermann Bauer · Freiburg im Breisgau

Huston Smith

Eine Wahrheit, viele Wege

Die großen Religionen der Welt

470 Seiten, gebunden, ISBN 3-7626-0465-7

Eine Wahrheit, viele Wege, mit 1500000 verkauften Exemplaren Bestseller in den Staaten, will den interessierten Laien mit den großen spirituellen Traditionen der Menschheit vertraut machen und zeigen, wie diese Weisheitslehren in das menschliche Leben hineinwirken. Ungemein lebendig und direkt wird hier die zugrunde liegende Einheit, die gemeinsame kosmische Quelle aller Religionen sichtbar gemacht. Erklärte Absicht des Autors: nicht trockene Daten und Fakten zu vermitteln, sondern Verständnis, Einfühlung, Wissen zu mehren und Toleranz zu wecken für die Vielfalt der Wege, denn »alle Wege führen zum Gipfel«.

Verlag Hermann Bauer · Freiburg im Breisgau

Verlag Hermann Bauer · Freiburg im Breisgau

Surya Green

Der Ruf der Sonne

Eine spirituelle Reise: Ausgangsort Indien

384 Seiten, gebunden, ISBN 3-7626-0464-9

Eine Reise nach Indien wird für die Journalistin Surya Green zum Wendepunkt ihres bisherigen Lebens! In einer göttlichen Vision hört sie den Ruf der allmächtigen Sonne.

In lebendigen Bildern schildert sie die Schönheit Indiens und führt den Leser einfühlsam in die Vorstellungen und Grundsätze hinduistischen Denkens und anderer spiritueller Traditionen ein. Einfache, intensiv erlebte Wahrheiten öffnen dabei die Pforte zum eigenen Selbst und verbinden beim Lesen mit hohen spirituellen Energien. Geheimnisvolle Erlebnisse und zahlreiche Begegnungen mit erleuchteten Meistern schenken tiefes Verständnis ewiger kosmischer Gesetzmäßigkeiten.

Verlag Hermann Bauer · Freiburg im Breisgau

Verlag Hermann Bauer · Freiburg im Breisgau

Hans-Dieter Leuenberger

Sieben Säulen der Esoterik

Grundwissen für Suchende

2. Auflage, 256 Seiten; gebunden. ISBN 3-7626-0373-1

In den letzten Jahren ist der Begriff Esoterik eine Bezeichnung geworden, unter der sich vieles zusammenfassen und zu einem subjektiv-persönlich gefärbten Bild verarbeiten läßt. Bereits in seinem Buch *Das ist Esoterik* hat Hans-Dieter Leuenberger meisterhaft Klarheit in dieses Begriffschaos gebracht. *Sieben Säulen der Esoterik* dient der Vertiefung und Erweiterung esoterischer Grundkenntnisse.

Einweihung, Tradition, Menschlichkeit, Göttlichkeit, Reinkarnation, Magie und Rosenkreuzertum sind sieben Hauptelemente des längst nicht mehr geheimen Wissens. Heute bieten gerade die Lehren des Rosenkreuzertums beste Anhaltspunkte für jeden Menschen, der esoterische Prinzipien individuell leben will. Leuenberger schildert, wie Selbsterkenntnis zur Erfahrung des Göttlichen führt. Er liefert die entscheidenden Richtlinien, nach denen der Esoteriker Übungen und Praktiken auswählen sowie selbst entwickeln kann. Als Esoteriker und Theologe faßt der Autor auch ein heißes Eisen an und zeigt, wie Christentum und Esoterik miteinander zu vereinen sind.

Verlag Hermann Bauer · Freiburg im Breisgau

Das neue *esotera-Taschenbuch*
im Verlag Hermann Bauer

Richard L. Johnson
Ich schreibe mir die Seele frei
Wege zur Harmonisierung des ganzen Gehirns
264 S.; kart.; ISBN 3-7626-0659-5

Swami Vivekananda
Karma-Yoga und Bhakti-Yoga
Zwei wahre Perlen indischer Weisheit
2. Aufl.; 272 S.; kart.; ISBN 3-7626-0653-6

Alan Young
Das ist Geistheilung
Ein Leitfaden für alle, die heilen und geheilt werden wollen
280 S.; kart.; ISBN 3-7626-0661-7

Robert B. Tisserand
Das ist Aromatherapie
Heilung durch Duftstoffe
386 S.; kart.; ISBN 3-7626-0660-9

Eknath Easwaran
Mantram
Hilfe durch die Kraft des Wortes
3. Aufl.; 256 S.; kart.; ISBN 3-7626-0629-3

Erlendur Haraldsson
Sai Baba – ein modernes Wunder
Die paranormalen Phänomene des spirituellen Meisters
Sathya Sai Baba
3. Aufl.; 297 S.; kart.; ISBN 3-7626-0631-5

Verlag Hermann Bauer · Freiburg im Breisgau